QUATRO ENSAIOS SOBRE OSCAR NIEMEYER

UNIVERSIDADE DE SÃO PAULO
Faculdade de Arquitetura e Urbanismo

Publicação feita com o apoio da Capes – Coordenação de Aperfeiçoamento de Pessoal de Nível Superior, dentro do Programa Nacional de Cooperação Acadêmica – Procad 2007

QUATRO ENSAIOS SOBRE OSCAR NIEMEYER

Paulo Bruna
Ingrid Quintana Guerrero
ORGANIZADORES

Ateliê Editorial

Dados Internacionais de Catalogação na Publicação (CIP)
(Câmara Brasileira do Livro, SP, Brasil)

Quatro Ensaios sobre Oscar Niemeyer / Paulo Bruna,
Ingrid Quintana Guerrero, organizadores. –
Cotia, SP: Ateliê Editorial, 2017.

ISBN 978-85-7480-666-2
Vários autores

1. Arquitetura – Ensaios 2. Niemeyer, Oscar,
1907-2012 3. Niemeyer, Oscar, 1907-2012 – Crítica
e interpretação I. Bruna, Paulo. II. Guerrero,
Ingrid Quintana.

13-11800 CDD-720.92

Índices para catálogo sistemático:
1. Niemeyer: Arquitetura: Apreciação crítica
720.92

Direitos reservados à

ATELIÊ EDITORIAL
Estrada da Aldeia de Carapicuíba, 897
06709-300 – Granja Viana – Cotia – SP
Tels.: (11) 4612-9666 / 4702-5915
www.atelie.com.br
contato@atelie.com.br

Printed in Brazil 2017
Foi feito o depósito legal

SUMÁRIO

NIEMEYER, NUNCA É DEMAIS

Sylvia Ficher

Então diretor da FAU – UnB, o previdente Andrey Schlee me sugere pensar um projeto editorial para o cinquentenário de Brasília. Isto lá por 2006, para acontecer lá em 2010. Num primeiro desvario, deu para listar uma dezena de livros, todos viáveis: mestrados e doutorados, outros compilações de textos importantes, e mais alguns especialmente organizados sobre temas relevantes. Nascia a Coleção Brasília Histórica 50 anos.

Nada mal, conseguimos publicar sete deles, como *O Capital da Esperança: 1956-1961*, de Gustavo Lins Ribeiro; *De Nova Lisboa a Brasília*, de Laurent Vidal; ou *Brasília: 1960-2010*, de Francisco Leitão. E *De Plano Piloto a Metrópole*, de Jusselma Duarte de Brito, que pôde contar com a carinhosa apresentação de Murilo Marx.

Porém o esforço continua, uma vez que outros ficaram em manuscrito. Destes, um livro concebido por Andrey e por mim cuja ideia norteadora foi a tessitura, em uma única publicação, de diferentes momentos e aspectos da trajetória tão invulgar de Oscar Niemeyer. Aliada ao incisivo intuito de fugir às habituais loas que, estas afinal já as há inúmeras, desnecessário fazer eco mais uma vez.

Começava a tomar corpo uma coletânea pensada em três seções. Uma primeira com artigos panorâmicos sobre diferentes temáticas suscitadas pelo arquiteto ao longo de sua carreira; na segunda, análises que abordam mais especificamente questões teóricas, estéticas e historiográficas referentes a seus projetos; por fim, uma seção dedicada à sua atividade profissional em si, às suas realizações tanto no Brasil como no exterior.

Fruto de mais de um ano de convocações e diálogos, o resultado é *O Arquiteto Oscar Niemeyer*, um alentado volume constituído por mais de trinta capítulos. Entre aqueles que se prontificaram a participar do empreendimento estão Yves Bruand, Ruth Verde Zein, Kenneth Frampton, Alfonso Corona Martinez, Carlos Eduardo Comas, Lauro Cavalcanti, Fernando Pérez Oyarzun, Eduardo Rossetti, Philippe Panerai, Roberto Segre, Cacá Brandão, Danilo Matoso Macedo e José Carlos Durand. Material tão rico findou por ter alguns de seus artigos publicados em diferentes circunstâncias.

Agora, para dar mais um gostinho, quatro de seus textos vão aqui reunidos em um livro que bem poderia ter como título *O Arquiteto Oscar Niemeyer: Um Aperitivo*.

Nele vamos encontrar Hugo Segawa que, em "Entre Dois Pavilhões: A Repercussão Internacional de Oscar Niemeyer", nos convida para uma promenade que vai da representação do Brasil na Feira de Nova York, em 1939, ao Serpentine Pavillion no Hyde Park, de 2003, fazendo baldeação na sede da ONU, de 1947. No caminho, expõe os altos e baixos da recepção dada a Niemeyer no exterior, seja em função de alguns de seus projetos realizados fora do Brasil, seja pela crítica europeia da sua obra em diferentes momentos.

Rodrigo Queiroz, em "A Revisão Crítica de Oscar Niemeyer", propõe um passeio mais curto, porém não menos apurado, indo dos ataques da crítica a que Niemeyer esteve submetido nos primeiros anos do década de 1950 até seus palácios para Brasília. E assim, revela a influência – sempre negada pelo arquiteto – de tal crítica na inflexão que se efetua em seus procedimentos projetuais, operada no breve mas inspirado momento que vai de 1954 a 1958.

Por sua vez, Paulo Bruna nos brinda com "A Obra de Oscar Niemeyer em São Paulo", primeira avaliação em profundidade da sua produção paulista. Nosso Estado tem aqui um mapeamento bem mais extenso do que aquele tradicionalmente associado à presença do arquiteto carioca em terras bandeirantes. Presença que se inicia em 1947, com os primeiros estudos para o Centro Técnico da Aeronáutica, em São

José dos Campos, tem marcante fôlego na década de 1950 com o Copan e o Ibirapuera, grande visibilidade na década de 1980 com o Memorial da América Latina, e vai se adentrar pelo século XXI, com o Auditório do Ibirapuera em 2005.

Por fim, Ingrid Quintana Guerrero se debruça sobre a arquitetura religiosa de Niemeyer e percorre território pouco explorado: sua influência em realizações latino-americanas, inclusive de profissionais de grande envergadura, como Félix Candela e Carlos Raúl Villanueva.

Provada esta saborosa amostra, esperamos poder em breve oferecer o cardápio completo.

Sylvia Ficher

A OBRA DE OSCAR NIEMEYER EM SÃO PAULO

Paulo Bruna

O Centro Novo de São Paulo nasce com a Metrópole do Café (Bruno *apud* De Matos, 1958). Pierre Mombeig (1954: 72), ao estudar esse período, usou a expressão "A Capital dos Fazendeiros", pois foram as novas necessidades provenientes da comercialização do café, novos hábitos e mentalidades desses fazendeiros, que alteraram, entre 1872 e 1918, a fisionomia de São Paulo[1]. A demanda por habitações maiores e o próprio

1. Flávio Saes (2004: 240) escreveu a esse respeito: "Diríamos que São Paulo foi, ao longo da Primeira República, não a 'capital dos fazendeiros', nem a 'cidade do café' e sim a 'capital do capital cafeeiro'. A noção de capital cafeeiro, bastante frequente na historiografia recente, procura dar conta de uma característica peculiar dos empresários paulistas do período. Com uma riqueza fundada na propriedade da terra, esses fazendeiros de café logo adquiriram a feição de empresários urbanos: são acionistas e dirigentes de estradas de ferro, comerciantes, banqueiros, acionistas e dirigentes de empresas de serviços urbanos, industriais e frequentemente políticos. Assim, seu capital, embora circule em torno de atividades ligadas à produção cafeteira, não se limita à esfera estritamente agrária dessa atividade: é um capital agrário, mas é também capital comercial, capital financeiro, capital industrial. Daí a noção de 'capital cafetei-

crescimento da cidade gerou a expansão urbana, realizada através do loteamento das chácaras e sítios nas redondezas da cidade. A mais central dessas chácaras era a do Barão de Itapetininga. Esta já havia sido seccionada, em 1855, de lado a lado por uma via paralela ao Vale do Anhangabaú, que recebeu o nome de Rua Formosa. O falecimento do Barão de Itapetininga, que no dizer de Benedito Lima de Toledo "deixou larga fortuna e uma bela viúva"[2], permitiu que, em 1876, a antiga Chácara do Chá fosse loteada. Esse enclave rural já estava parcialmente circundado por construções que ocupavam a atual Praça de República, ruas Aurora e Vitória, bem como as orlas do atual Largo do Arouche.

Com a abertura das ruas mais largas e regulares que as do centro velho, ali se instalaram famílias tradicionais da época, que "mandaram construir bonitos prédios na Rua Barão de Itapetininga" (Martins, 1911-1912). Em seu estudo sobre a área central da cidade Nice Lecoq Müller entende que, até o início da Segunda Guerra Mundial, o Centro Novo apresentava características de uma "zona de transição"; vale dizer,

ro', que procura dar conta das múltiplas faces da atividade desses empresários paulistas da Primeira República".

2. A viúva do Senhor Comendador, o Barão de Itapetininga, viria a desposar logo em seguida o Barão de Tatuí, cuja casa ficava no fim da Rua Direita com fundos para o Vale do Anhangabaú (Toledo, 1989: 40).

que embora sofrendo a influência do Centro, ainda nele não se integrara, pois "entre 1920 e 1925, havia na Rua Barão de Itapetininga várias residências e pensões, que se achavam instaladas nos andares superiores dos prédios. Nas ruas vizinhas à Praça da República, localizava-se a zona do meretrício. No entanto as ruas Conselheiro Crispiniano e Dom José de Barros eram tipicamente residenciais" (Müller, 1958: 141).

Na década que vai da crise econômica e comercial, decorrente do colapso da bolsa de Nova York, em 1929, até o início da Segunda Guerra Mundial, São Paulo passou por grandes transformações econômicas e sociais. Uma série de fatores conjugaram-se para ocasionar o desenvolvimento e o fortalecimento da industrialização em São Paulo: energia elétrica barata e abundante; existência de um mercado consumidor interno, que não mais conseguiu manter seus níveis de importações; afluxo de capitais tanto estrangeiros como nacionais, que não mais encontram aplicação na expansão das plantações de café; abundante mão de obra operária, que deixou as áreas de cultivo; importante rede de transportes e existência de matérias-primas dentro do próprio Estado. A imigração internacional continua acelerada, atingindo 7% da população brasileira (Hall, 2004: 121). A cidade de São Paulo chega em 1930 a um milhão de habitantes e já era o maior centro industrial da América do Sul (Taschner, 1997). A população do município de São Paulo passa de 3 milhões no ano de seu quarto centenário (1954) e chega ao fim da década de 1950 com 3,7 milhões.

Nos anos 1930, o Centro Histórico permanecia, porém, como o centro de negócios e ruas como a XV de Novembro, Boa Vista ou a do Ouvidor de São Paulo fervilhavam de pessoas, permitindo a Pierre Denis escrever que no Brasil daquele tempo "São Paulo e o Rio de Janeiro eram as únicas cidades onde se podia encontrar uma multidão" (*apud* Petrone, 1958: 112). Coube aos prefeitos Fábio Prado (1934-1938) e Francisco Prestes Maia (1938-1945) iniciar grandes transformações na capital paulista (Meyer, 1991; Toledo, 1996). Com a abertura da Praça do Patriarca em 1926 e o crescente fluxo de bondes e carros, o velho Viaduto do Chá tornou-se insuficiente. Assim, em 1934 foi convocado um concurso público, vencido pelo arquiteto Eliziário da Cunha Bahiana com uma solução *art déco* de grande beleza. O novo viaduto foi construído paralelamente à antiga estrutura metálica no centro das praças que formavam suas cabeceiras: a Praça do Patriarca, no Centro Antigo, e a Praça Ramos de Azevedo, no Centro Novo. Para sua implantação foram sacrificadas algumas palmeiras imperiais que formavam o semicírculo ajardinado do parque, entre a rua Formosa e o Teatro Municipal. O viaduto foi concluído e inaugurado em 1936. Nas duas cabeceiras foram realizadas importantes obras: a casa do Conde de Prates no Centro Histórico veio abaixo, substituída por um grande edifício encomendado pelo Conde Francisco Matarazzo ao arquiteto italiano Marcello Piacentini (Tognon, 1999; Salmoni, 1981). Na outra cabeceira, o Edifício Mackenzie, sede da Light, foi ampliado com grande cuidado pelo escritório Ramos de Azevedo e, ao lado, em frente ao Teatro Municipal, o mesmo arquiteto do viaduto construiu a nova sede da loja de departamentos Mappin Stores, em 1939 (Segawa, 1998: 58-59).

Essa data é significativa pois, a partir de 1940, o comércio de artigos de luxo[3] e os escritórios profissionais vieram instalar-se nas ruas do Centro Novo, expulsando as atividades menos rentáveis. Os prédios de um, dois ou três pavimentos

3. "Acompanhando o Mappin rumo ao 'centro novo', um comércio sofisticado ali se instala: Casa Los Angeles, Joalheria Bento Loeb, Leiteria Americana, Confeitaria Vienense, Cines Metro, República, Odeon, Royal, superam progressivamente os antigos estabelecimentos do 'centro velho' em declínio. Uma geração de lojas voltadas ao novo perfil do consumidor da Cidade vai se estabelecer: Exposição Clipper, Garbo, Casa José Silva, Ducal, Slopper (moda masculina e feminina), Isnard, Cássio Muniz, Mesbla (empresas que associaram o comércio de veículos com o de eletrodomésticos) tiveram grande expressão nos anos 50 e 60. A principal concorrente do Mappin no 'centro velho' não acompanhou seus passos: a Casa Alemã, que durante a Segunda Guerra foi obrigada a mudar de nome para Galeria Paulista de Modas, permaneceu na rua Direita, mas em 1959 encerrou suas atividades" (Saes, 2004: 254).

vieram abaixo, cedendo lugar aos arranha-céus. A abertura da Rua Marconi, em 1938, conectou a Rua 7 de Abril à Barão de Itapetininga e foi ocupada rapidamente por edifícios de escritórios e lojas. Foi nesse clima de intensa mudança e febril atividade da construção civil[4] que, no começo dos anos 1950, o arquiteto Oscar Niemeyer fez um conjunto de obras exemplares em São Paulo.

Em 1950, Stamo Papadaki publica o primeiro volume de uma série[5] dedicada exclusivamente à obra do arquiteto, indicando o reconhecimento internacional que seus projetos co-

4. "Índice da intensa atividade da construção civil é o número de empresas do ramo com mais de cem operários registradas no catálogo das Indústrias do Departamento de Estatística de 1945: são 33 empresas, muitas das quais se tornaram amplamente conhecidas na cidade de São Paulo como: Leandro Dupré (ano de fundação: 1936, 115 empregados); Lindenberg & Assunção (1940, 731 empregados); Meinberg & Simberg (1941, 129 empregados); Oscar Americano (1940, 717 empregados); Severo Villares & Cia. Ltda. – sucessora do Escritório Ramos de Azevedo (1938, 382 empregados); Soc. Técnica e Comercial Anhanguera (1937, 825 empregados); Camargo Correia & Cia. Ltda. (1939, 285 empregados); Francisco Azevedo & Palma Travassos (1936, 436 empregados); J. Cardoso de Almeida Sobrinho (1936, 2230 empregados); Benacchio & Cia Ltda (1943, 126 empregados); Estacas Franki Ltda (1941, 105 empregados)" (Saes, 2004: 256).

5. O título desta obra é: *The Work of Oscar Niemeyer (with a Foreword by Lucio Costa)* (1950). Os demais livros do mesmo autor são: *Oscar Niemeyer – Works in Progress (with a Foreword by Oscar Niemeyer: Notes on Brazilian Architecture)* (1956) e *Oscar Niemeyer* (1960).

meçavam a receber e a conotação de paradigma da arquitetura moderna no Brasil. Nesse primeiro livro já figuram duas obras realizadas no Estado de São Paulo: o Centro Técnico da Aeronáutica em São José dos Campos (CTA) (Fig. 1), projeto de 1947, naquele momento em obras (Sampaio, 2000). Nos croquis explicativos da solução para o Centro Cívico, há uma proposta que será retomada em toda a sua obra posterior pública e monumental: os edifícios que formam esse centro não estão alinhados em torno de uma praça vazia pavimentada, como no urbanismo tradicional, mas dentro da praça como volumes escultóricos, cuja composição enseja diferentes visuais e percursos. A segunda obra que consta no livro de Papadaki localiza-se na Rodovia Presidente Dutra: é a Indústria de Produtos Alimentícios Carlos de Britto, projetada em 1950, em colaboração com o arquiteto Hélio Uchoa Cavalcanti e o engenheiro Joaquim Cardozo. Foi construído apenas o edifício para a fábrica de biscoitos Duchen, que por razões de fluxo produtivo é relativamente estreito, formado por dois pórticos curvos de aproximadamente 17,5 m de vão cada um, a 9,8 m de intervalo, repetidos por quase 300 m. Os edifícios para as fábricas Peixe e Sul-América não foram construídos e o complexo foi demolido na década de 1980, sem grande oposição.

No segundo volume da trilogia que Stamo Papadaki dedicou a Oscar Niemeyer, publicado em Nova York em 1956,

FIGURA 1: Laboratório de Ensaios do Centro Técnico da Aeronáutica em São José dos Campos – CTA (1947). Fonte: Hugo Segawa.

já figuram as principais obras realizadas pelo arquiteto no Centro Novo de São Paulo. Não foram obras isoladas, para diferentes clientes, projetadas e detalhadas a partir do escritório do Rio de Janeiro, mas tiveram, na sua maioria, uma única empresa imobiliária e foram projetadas e detalhadas a partir de um escritório filial montado em São Paulo, administrado pelo arquiteto Carlos Lemos[6]. O escritório ficava em um pré-

6. O arquiteto Carlos Alberto Cerqueira Lemos (São Paulo, 1925) formou-se em 1950 pela Faculdade de Arquitetura da Universidade Mackenzie. Durante os anos 1950 dirigiu o escritório paulistano do arquiteto Oscar Niemeyer, tendo inclusive participado do projeto do Parque Ibirapuera (1951). Manteve seu próprio escritório até os anos 1990. Teve uma contínua atividade como artista plástico. Foi Professor Titular do Departamento de História da Arquitetura e Estética da FAUUSP, onde lecionou História da Arquitetura Brasileira, com ênfase nas questões de preservação do patrimônio cultural. Foi membro ativo do Conselho de Defesa do Patrimônio Histórico, Arqueológico, Artístico e Turístico (Condephaat) por muitos anos. Publicou extensamente artigos no jornal *Folha de S. Paulo* e uma série de livros, dentre os quais destacam-se: *Cozinhas etc.* (São Paulo, 1978); *Arquitetura Brasileira* (São Paulo, 1979); *Alvenaria Burguesa* (São Paulo, 1986); *História da Casa Brasileira* (São Paulo, 1989) e *Ramos de Azevedo e seu Escritório* (São Paulo, 1993). Publicou em coautoria, entre outros, o *Dicionário da Arquitetura Brasileira* com Eduardo Corona (São Paulo, 1972). Escreveu o capítulo "Arquitetura Contemporânea" no segundo volume da *História Geral da Arte no Brasil*, organizada por Walter Zanini (São Paulo, 1983). As informações e depoimentos referentes ao período em que trabalhou com Oscar Niemeyer estão no capítulo "Minha Vida de Arquiteto", do livro de memórias *Viagem pela Carne* (2005: 144).

dio da Rua 24 de Maio, n. 250, próximo à Praça da República. Nesse edifício, o terceiro andar inteiro foi emprestado pelo industrial pernambucano Carlos de Britto. Havia dois grandes salões em cada pavimento. No da frente, instalou-se o pintor Emiliano Di Cavalcanti (1897-1976), que pintava um enorme mural para a sede administrativa das indústrias de alimentos Peixe, projetada por Oscar Niemeyer. No salão dos fundos funcionava o escritório de arquitetura que permaneceu ativo até 1957, quando começaram as obras de Brasília.

O maior cliente do arquiteto, em número e tamanho das obras, foi o Banco Nacional Imobiliário (BNI), cuja carta patente é de 1945. Inspirado no modelo do Bank of America, que Luis Mario Giannini havia fundado em São Francisco, buscava ampliar o espectro dos correntistas, incorporando as nascentes massas urbanas e mesmo a poupança infantil. Com a contínua renovação da Lei do Inquilinato, promulgada por Getúlio Vargas durante o Estado Novo, a construção de habitações para aluguel tornou-se desinteressante, o que gerou uma crescente demanda por habitações para venda e não mais para aluguel (Bonduki, 1998). Um grande número de empreendedores passou a atender essa demanda, financiando a venda dos imóveis com valores fixados pelo custo da obra. O *slogan* "condomínio a preço de custo" foi patenteado pelo BNI, ainda que outras empresas incorporadoras empregassem expressões semelhantes[7] num período de acelerado crescimento e baixa inflação. Tendo como acionistas principais os empresários Orozimbo Roxo Loureiro e Otávio Frias[8], o BNI buscou legitimidade técnica, convidando o ex-prefeito de São Paulo – o engenheiro politécnico Francisco Prestes Maia – para diretor técnico.

A aproximação com o arquiteto Oscar Niemeyer ocorreu em 1947. Naquele momento, a empresa Roxo Loureiro S.A. – Banqueiros de Investimentos, estava desenvolvendo um grande loteamento, com mais de 800 mil m^2 entre o Rio de Janeiro e São Paulo. O projeto do empreendimento era do arquiteto carioca Abelardo de Souza. Conhecido como Clube dos 500 (Fig. 2), na área junto à Rodovia Presidente Dutra, recém-asfaltada, foi solicitado a Oscar Niemeyer o projeto de um pequeno hotel, bar e restaurante, este último decorado por um grande painel de Di Cavalcanti. Um posto de serviços junto à rodovia foi acrescentado em 1952[9].

7. O melhor e mais completo trabalho sobre esse período é a dissertação de Daniela Viana Leal (2003): *Oscar Niemeyer e o Mercado Imobiliário de São Paulo na Década de 1950*.
8. "Empresário foi obstinado por independência e novidades", necrológio do empresário Otávio Frias de Oliveira (1912-2007), publicado na *Folha de S. Paulo*, 30 de abril de 2007, p. A6.
9. O projeto foi publicado, seja na revista *Acrópole* (São Paulo, 1952), seja em Papadaki (1956: 118).

FIGURA 2: Clube dos 500 (1947), fachada sobre a Rodovia Presidente Dutra. Fonte: Hugo Segawa.

O BNI não tinha um departamento de projetos arquitetônicos e utilizava os serviços de diferentes projetistas. Além de Carlos Lemos (edifícios Paris, Roma, Rio, Rangel Pestana, Teatro Maria Della Costa), trabalharam para o Banco, entre outros, os arquitetos Abelardo de Souza (edifícios Três Marias e Nações Unidas) e Franz Heep (Edifício Normandie). Oscar Niemeyer foi convidado porque, certamente, iria acrescentar credibilidade e prestígio às obras a serem vendidas, no mercado paulistano, a preço de custo.

Dentre os melhores projetos que realizou naquele período, dois são de 1950: o Edifício e Galeria Califórnia (Figs. 3 e 4), na Rua Barão de Itapetininga, e o edifício de apartamentos Montreal, na Avenida Ipiranga. A Galeria Califórnia é uma obra-prima de arquitetura urbana. Tem a escala e a qualidade das famosas "passagens" parisienses ou das "galerias" no interior das quadras de Hamburgo. Liga a Rua Barão de Itapetininga à Rua Dom José de Barros através de uma rua interna para a qual abrem-se trinta lojas, num movimento sinuoso. Essa solução, além de conferir movimento e dinamismo ao espaço interno, aumenta a frente das vitrines e solta a estrutura dos vedos. A entrada principal, naturalmente, ocorre pela Rua Barão de Itapetininga e, logo após a primeira loja, abre-se um grande vazio com uma rampa que leva ao cinema em subsolo, hoje transformado em um auditório para uma universida-

FIGURA 3: Galeria Califórnia (1950), fachada na Rua Barão de Itapenitinga. Fonte: Victor Hugo Mori.

FIGURA 4: Galeria Califórnia (1950), rua interna. Fonte: Victor Hugo Mori.

de particular. Na parede ao lado da rampa há um painel de Cândido Portinari, que, na ocasião do lançamento comercial do edifício deveria representar a *Epopeia das Bandeiras de Piratininga*. Este painel nunca foi concluído e, no lugar, há um grande mural abstrato em tesselas de vidro, também de Portinari[10]. Ao fundo desse espaço estão os elevadores e a portaria dos escritórios nos andares superiores. Nos treze andares tipo há dezesseis salões para escritórios independentes, agrupados dois a dois, abrindo-se para as ruas ou para um generoso pátio interno. Os corredores de acesso, com o piso em cerâmica preta São Caetano, são de uma largura muito superior ao habitual, formando amplos espaços que recebem luz natural, sobretudo no *hall* dos elevadores.

A legislação da época permitia que a edificação estivesse alinhada com as divisas do terreno seja no subsolo, seja no térreo de elevado pé-direito e no andar das sobrelojas. Acima prevaleciam alguns dispositivos do Código Arthur Saboya, que obrigava o recuo sucessivo a partir de dez pavi-

10. "Segundo Carlos Lemos comenta em seus depoimentos, a demora na entrega do complexo painel encomendado fez com que fosse preciso um novo acordo. Atarefado com outras obras em andamento, Portinari sugeriu que um painel mais simples e menos detalhado substituísse o anterior. Para tanto aceitaria como pagamento apenas a metade do valor combinado, equivalente à primeira parcela já quitada anteriormente" (Leal, 2003: 85).

mentos[11]. A estrutura é regular e os pilares, ao nível da galeria, são circulares e robustos. Nas fachadas, transformam-se nos famosos pilares em v. Trata-se de uma solução lógica quando se busca reduzir pela metade o número de apoios no térreo. Seja porque as fachadas têm dimensões reduzidas e confinadas entre outras construções; seja porque o relacionamento de Oscar Niemeyer com a equipe de calculistas da obra, o Escritório Técnico Oswaldo de Moura Abreu, Waldemar Tietz e Nelson de Barros Camargo, não era tão fluente como com seus colaboradores habituais do Rio de Janeiro; seja porque o arquiteto, trabalhando à distância e com raras visitas a São Paulo, não permitia um relacionamento mais próximo com o desenvolvimento do projeto, o

11. O ato n. 1366 de 19.2.35 previa no artigo 1: "Nas ruas Barão de Itapetininga [e mais oito logradouros] os prédios deverão ter no alinhamento dessas vias altura correspondente a dez pavimentos de três metros de pé-direito, exclusive os térreos (lojas, rés-do-chão e embasamento). Acima dessa altura, deverão atender ao artigo 145 do ato n. 663 de 1934, e não deverão ultrapassar a altura máxima de cinquenta metros". O artigo 145 reza: "Além da altura máxima permitida para as construções no alinhamento das vias públicas, poderão ser construídos pavimentos recuados desse alinhamento, desde que fiquem as partes mais altas dos recuos, dentro da linha que liga a intersecção do alinhamento oposto com a horizontal da guia do passeio ao ponto mais alto permitido no alinhamento das vias públicas do prédio a construir" (*apud* Leal, 2003: 95). Essas medidas visavam prover de iluminação e ventilação natural os imóveis a construir em função da largura dos logradouros.

fato é que os pilares resultaram, para o arquiteto, pesados e pouco elegantes. Certamente os pilares em v nas fachadas da Galeria Califórnia não têm a mesma elegância dos pilares para o Pavilhão da Agricultura no Parque Ibirapuera, que lhe é quase contemporâneo ou aqueles do belíssimo edifício de apartamentos construído para a exposição internacional no bairro Hansa em Berlim, que data de fevereiro de 1955 (Papadaki[12], 1956: 170).

Essa experimentação constante com a estrutura, que se inicia em 1947, após a viagem do arquiteto aos Estados Unidos – onde esteve envolvido nos estudos preliminares para a sede das Nações Unidas (Fig. 5) (Niemeyer, 1966) –, teve uma primeira elaboração no conjunto não construído do Hotel e apartamentos Quitandinha em Petrópolis (*Oscar Niemeyer*, 1975: 86). É curioso observar que a excepcional qualidade urbana da Galeria Califórnia não recebeu comentários favoráveis, ficando os críticos presos a aspectos marginais da obra, quais sejam os pilares em v. Yves Bruand (1981: 155) chega a confundi-los com os pilares em w do Conjunto Residencial Governador Juscelino Kubitschek (Belo Horizonte, 1951), ao escrever:

12. As citações dos textos de Papadaki aqui apresentadas correspondem a traduções do autor deste texto.

FIGURA 5: Dossiê publicitário *Niemeyer Projetando para o BNI* (pp. 14-15). Fonte: *Folha da Manhã*, domingo 15 de abril de 1951.

O vigor pretendido transformou-se numa espantosa sensação de peso, que não foi atenuada pelo tamanho dos edifícios; o fracasso foi total, tanto nessa realização, quanto no Edifício Califórnia, em São Paulo (1951-1954), criticado violentamente (desta vez com razão) por Max Bill quando este passou pelo Brasil.

As observações do arquiteto suíço na palestra que pronunciou na Faculdade de Arquitetura e Urbanismo da Universidade de São Paulo (FAUUSP), na noite de 9 de junho 1953, foram contundentes e desproporcionadas:

> Como quarto elemento da arquitetura dita moderna, temos os "pilotis". Nos últimos anos eles mudaram um pouco sua feição, depois da "última moda de Paris", isto é, do ateliê de Le Corbusier [...]. No começo eles eram retos e agora começaram a tomar as formas mais barrocas. No primeiro momento, tem-se a impressão de ver uma construção engenhosa, mas não passa de pura decoração. Eis um exemplo. Vi em São Paulo um edifício em construção. Nesse edifício vi coisas terríveis. É o fim da arquitetura moderna. É um desperdício antissocial, sem responsabilidade, não só para aquele que vai utilizá-lo como locatário, mas para o freguês que lá irá fazer suas compras (Bill, 1954)[13].

13. A revista *The Architectural Review*, que na ocasião era dirigida pelos críticos James Richards e Nikolaus Pevsner, publicou em outubro de 1954 um "Report on

Oscar Niemeyer reagiu às críticas com muita fleuma:

> Consideramos a Arquitetura obra de arte e que, como tal, só subsiste quando se revela espontânea e criadora. Trabalhamos com o concreto armado, material dócil e generoso a todas as nossas fantasias. Tirar dele beleza e poesia, especular sobre suas imensas possibilidades é o que nos seduz e apaixona profissionalmente. E por estas razões é que tanto nos identificamos com a obra de Le Corbusier. Obra de amor e harmonia, onde as características de criação e beleza são as constantes fundamentais. E foi justamente dentro desse espírito de libertação e criação artística que a nossa Arquitetura conseguiu em quinze anos (1938-1953) o prestígio mundial de que inegavelmente hoje desfruta (*apud* "Criticada a Arquitetura Brasileira. Rica Demais – Dizem", 1955: 46-47).

A Galeria Califórnia foi entregue ao público em 8 de dezembro de 1953 (Leal, 2003: 57 – anexo). A Rua Barão de

Brazil" por ocasião da II Bienal de Arte Moderna de São Paulo, no qual aparecem comentários de vários críticos e arquitetos, que haviam visitado o Brasil nos meses anteriores. A apresentação de Max Bill é muito atenuada e mais objetiva, em relação à publicação de *Habitat* ou daquela de seus companheiros de publicação: Walter Gropius, Hiroshi Ohye, Ernesto Rogers. A resposta de Oscar Niemeyer aparece em várias publicações como, por exemplo, em: "O Problema Social na Arquitetura" (1955).

Itapetininga foi pedestrianizada pela Empresa Municipal de Urbanização de São Paulo (Emurb) nos últimos anos da década de 1970 e o edifício tombado pelo Conselho Municipal de Preservação do Patrimônio Histórico, Cultural e Ambiental da Cidade de São Paulo (Conpresp). Os proprietários e condôminos têm grande apreço pelo edifício, que terá suas fachadas e galeria restauradas conforme o projeto original[14].

O Edifício Montreal (Figs. 6 e 7) também foi projetado em 1950. No livro de Papadaki (1956), o edifício é apresentado como "espaço de locação para escritórios e exposições", induzido pela planta da sobreloja, que mostra apenas a distribuição regular dos pilares recuados da fachada com os três elevadores, escada, sanitários e poço de ventilação, formando um núcleo compacto no fundo e o restante do andar livre. A maioria das publicações sobre a obra do arquiteto repetem o mesmo erro. Nos livros de Josep M. Botey[15]

14. Em 14 de março de 2007 realizou-se uma Assembleia Ordinária do Condomínio Edifício e Galeria Califórnia, durante a qual aprovou-se o início de um processo de "benefício de isenção fiscal do IPTU por 10 anos, para restauração da fachada do edifício, em virtude de ser bem tombado pelo Patrimônio Histórico do Município, baseado na lei 12.350 de 6.6.97 e Decreto Regulamentador nº 37.302 de 27.1.98".

15. Cf. Josep Maria Botey, *Oscar Niemeyer*, Barcelona, Editorial Gustavo Gili, 1996. Na página 61 aparece o Edifício Montreal como edifício de escritórios, com as mesmas plantas e foto da maquete publicadas por Papadaki.

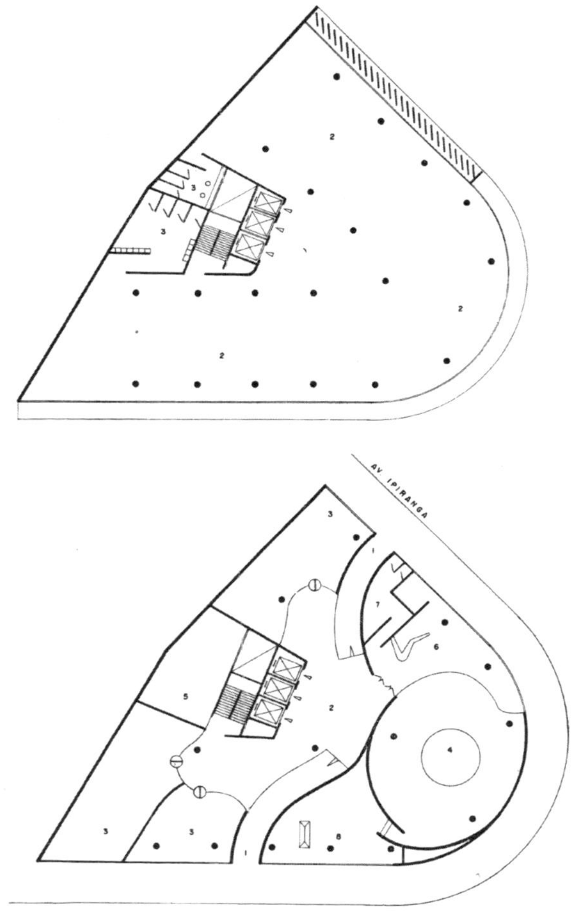

FIGURA 6: Edifício Montreal (1950), plantas do térreo e da sobreloja. Fonte: Papadaki, 1956.

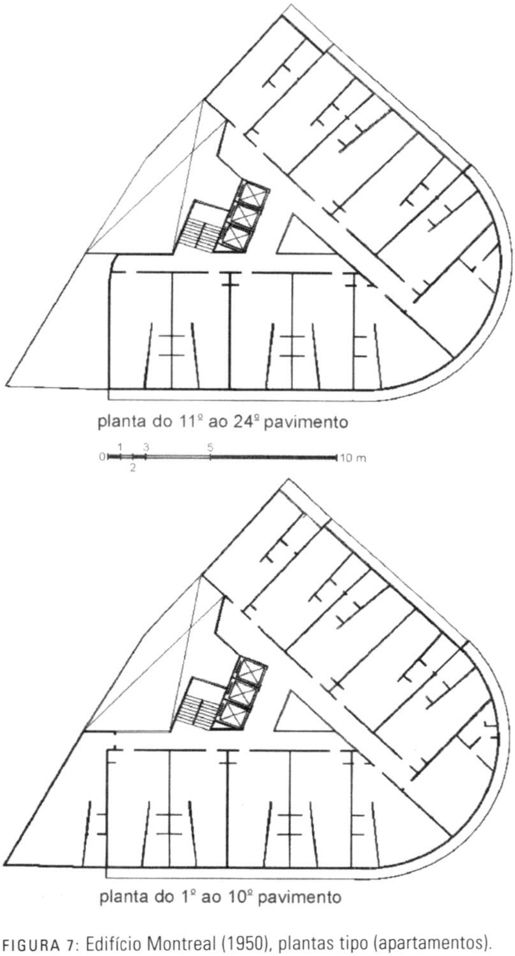

FIGURA 7: Edifício Montreal (1950), plantas tipo (apartamentos).
Fonte: Maria Ruth Amaral de Sampaio.

e Lionello Puppi[16], o Edifício Montreal é apresentado como sendo de escritórios. O mais curioso é que os livros que o próprio arquiteto publicou a respeito de sua obra, também repetem a mesma informação. Na biografia publicada por Arnoldo Mondadori (Niemeyer, 1975: 85), aparecem apenas as duas plantas e fotos sem maiores explicações, mas, no livro *Minha Aquitetura 1937-2005*, o edifício é mostrado como sendo de escritórios e datado de 1949 (Niemeyer, 2005: 378). Na verdade, trata-se de um edifício de pequenos apartamentos que, na época de seu lançamento, eram conhecidos como "sala e kitchenette" (*s&k*). Pessoas sozinhas ou jovens casais eram atraídos por esse tipo de imóvel porque era acessível e muito bem localizado no centro novo, que se expandia aceleradamente[17].

16. Cf. Lionello Puppi, *A Arquitetura de Oscar Niemeyer*, trad. Luiz Mario Gazzaneo, Rio de Janeiro, Revan, 1988. Na página 71, mostra-se a planta do térreo em nível inferior e a mesma foto da maquete com a informação de que se trata de um edifício de escritórios.

17. O mercado imobiliário deu-se conta de que havia uma enorme demanda por esse tipo de pequenos apartamentos com uma sala-quarto, banheiro e "kitchenette", quando um hotel falido na Rua do Gasômetro foi reformado, substituindo o armário da entrada por um balcão de cozinha equipado com fogão e geladeira embutidos. "[...] a venda do imóvel na sua nova função se deu de forma extremamente rápida, sendo um dos negócios imobiliários mais bem-sucedidos da época, pela rapidez nas vendas das suas unidades habitacionais" (Souza, 1994: 88).

O antiquado código de obras Arthur Saboya de São Paulo não previa que apartamentos de moradia permanente tivessem os banheiros ventilados por meio de dutos verticais internos. Essa solução era prevista apenas em hotéis, o que levou muitos incorporadores a aprovarem projetos de apartamentos como se fossem hotéis. Esse foi o caso do Edifício Montreal[18], que demandou muito trabalho para ser aprovado. Havia essencialmente dois problemas e o exame do processo de aprovação na Prefeitura de São Paulo mostra o empenho do arquiteto em resolvê-los, de forma a ter uma melhor so-

18. "Oscar Niemeyer vai conceber em São Paulo um prédio projetado como hotel e que será vendido como condomínio: o Edifício Montreal (esquina da Avenida Ipiranga com Cásper Líbero) fato que logo foi denunciado. O que vai então suceder é a alteração do código de obras, permitindo que apartamentos particulares tivessem banheiros internos com ventilação por tubulação. Nessa época, Otávio Frias e Roxo Loureiro, que era o acionista majoritário do BNI, constituíram uma comissão com engenheiros e arquitetos da Prefeitura de São Paulo, para auxiliá-los na realização da incorporação dentro da lei e para sugerir as mudanças necessárias no código de obras, que favorecessem aquele tipo de incorporação. Esse procedimento é uma das marcas de São Paulo: o seu código de obras sempre irá ser alterado em benefício do incorporador" (Souza, 1994: 110). Este assunto foi retomado em vários trabalhos como, por exemplo: Denise Xavier de Mendonça, *Arquitetura Metropolitana – São Paulo Década de 50*, São Carlos, Escola de Engenharia, 1999, p. 103, Dissertação de Mestrado; Maria Ruth Amaral de Sampaio (org.), *A Promoção Privada de Habitação Econômica e a Arquitetura Moderna 1930-1964*, São Carlos, Rima Editora, 2002, p. 170.

lução arquitetônica[19]. O primeiro problema era de natureza urbanística: o terreno onde foi construído o Edifício Montreal situava-se na esquina da Avenida Ipiranga e da Rua Conceição, que posteriormente seria incorporada na ampliação da atual Avenida Cásper Líbero. Por esse motivo havia dois conjuntos de posturas diferentes que interferiam na forma e no aproveitamento do edifício. O Decreto-lei n. 41 de agosto de 1940 determinava a altura e o alinhamento das edificações na nova Avenida Ipiranga, aberta em 1941, dentro do "plano de irradiação" proposto pelo Prefeito Prestes Maia[20], e a Rua Conceição enquadrava-se na legislação do centro velho de São Paulo. Com sobreloja e vinte pavimentos, o projeto estava sujeito a recuos acima dos 39,00 m, previstos no parágrafo 3º (a área do andar tipo deverá ser 40% da área do lote entre as cotas 52,00 e 75,00 m) e no parágrafo 4º (os edifícios de esquina, acima de 52,00 m apresentarão um recuo de 2,00 m). O não atendimento a essas posturas determinou um "comunique-se" da Prefeitura. No fim de julho de 1951, Oscar Niemeyer respondeu a esse "comunique-se" com uma carta assina-

19. Uma descrição minuciosa e muito bem documentada desse processo encontra-se em Leal (2003: 107).

20. Sobre o Plano de Avenidas proposto por Prestes Maia ver: Meyer (1991) e Toledo (1989).

da[21], na qual apresenta seus argumentos, cálculos de aproveitamento e alguns croquis desenhados em papel transparente sobrepostos a fotos da maquete, de grande efeito persuasivo. Foi juntado também um pequeno texto de próprio punho onde se lê:

> Para maior clareza, Sr. Engenheiro Chefe, juntamos as fotografias da obra em apreço solicitando de v.s. um novo exame do assunto, uma vez que nosso projeto visa – antes de tudo – dar à cidade de São Paulo um prédio que não a comprometa urbanisticamente, contribuindo ao contrário, para seu engrandecimento arquitetônico. Considerando-se o local como "ponto focal" evitou-se o recuo de 2,00 metros acima da cota 50. A perspectiva junto mostra como essa solução prejudicaria a estética do prédio, desproporcionando seu volume e comprometendo urbanisticamente a praça em que o mesmo será localizado. Baseados nestas razões, os arquitetos solici-

21. Nas folhas 53 e 54 do processo nº 102606 consta uma carta onde se lê: "No projeto que elaboramos para o prédio a ser construído na esquina da Rua Conceição com Avenida Ipiranga tivemos presente a preocupação da forma plástica. E isso por se tratar de um edifício privilegiadamente localizado, de cujo aspecto arquitetônico dependeria – pelo menos em parte – o conjunto urbanístico local. Com esse objetivo procuramos solução em que predominasse proporção e unidade, o que nos levou a evitar o recuo de que trata o referido comunique-se, uma vez que o mesmo cortaria as fachadas desproporcionando irremediavelmente todo o conjunto com a agravante – o que nos parece mais grave – de deixar ostensivamente à vista para a praça a empena do prédio vizinho (da Rua Conceição)" (*apud* Leal, 2003: 110).

tam dispensa do referido recuo e – como decorrência inevitável – da área de ocupação fixada pelo Código para os últimos pisos. Nesses croquis o arquiteto mostrava como o recuo de 2,00 m era pernicioso uma vez que o prédio vizinho na Rua Conceição não estava sujeito a esse recuo e dessa forma invalidava o efeito urbanístico desejado pelo legislador. Evidentemente essa solicitação gerou extensa polêmica dentro dos quadros técnicos da Prefeitura, mas acabou prevalecendo e o alvará de construção foi expedido em janeiro de 1952. O segundo problema era a inadequação entre o apartamento mínimo desejado e sua aprovação como hotel, o que naturalmente gerou uma série de problemas, resolvidos com a mudança das plantas. Os apartamentos têm em média 35 m² de área e o sanitário fica na fachada. Até o 10º pavimento há 12 apartamentos por andar. Do 11º ao 20º pavimento há uma unidade a menos. Os apartamentos "sala-kitchenette" têm uma única parede interna, que divide a área de estar e dormir do banheiro em cuja entrada há um armário embutido. Contrariamente ao processo de aprovação a construção foi muito rápida e saudada com artigos em jornal que ressaltavam a estética de seus brises verticais "num tom amarelo cádmio" e a proporção inusitada de "rara beleza", que com orgulho será mostrado àqueles que nos visitarem no IV Centenário (*apud* Leal, 2003: 113; 76 – apêndice 1)[22].

22. Originalmente publicado no "Caderno Assuntos Especializados". *Folha da Manhã*, 23 de agosto de 1953, p. 3.

O edifício foi entregue para o público em janeiro de 1953. O pavimento térreo é particularmente interessante: duas escadas levam ao *hall* dos elevadores, rebaixado um nível em relação às ruas, com grandes mosaicos em pastilhas de vidro do pintor Emiliano Di Cavalcanti. As paredes são curvas e a composição, ainda que lógica e eficiente, é rica em perspectivas e surpreendente como espaço urbano. O volume construído impressiona, pois, como salientou Papadaki (1956: 61), os *brise-soleil* horizontais perfurados da fachada dão a impressão de que o edifício é muito mais alto do que realmente é, "dessa maneira contrariando a opinião aceita de que linhas horizontais são sempre a melhor maneira de diminuir uma altura dada". Nos últimos anos, o prédio tem sido progressivamente restaurado estando em boas condições de uso, embora os brises verticais não tenham sido remontados ainda.

São de 1951 os projetos em São Paulo, que o arquiteto ainda valoriza: o Conjunto Copan (Figs. 8-12) e os edifícios para a exposição do IV Centenário no Parque Ibirapuera[23] (Figs. 13-17).

23. "Nesse período, Orozimbo Loureiro e Otávio Frias, um bom amigo, me convocaram para realizar alguns projetos em São Paulo. Projetos de caráter imobiliário que pouco influiriam na arquitetura daquela cidade. Mas o meu contato mais frequente era com Frias, que, corajoso, resolveu um dia construir o Copan, que com sua longa e sinuosa fachada constitui hoje um dos atrativos da arquitetura

FIGURA 8: Edifício Copan (1951), fachada sobre a Avenida Ipiranga. Fonte: Sonia Gouveia.

FIGURA 9: Edifício Copan (1951), galeria. Fonte: Sonia Gouveia.

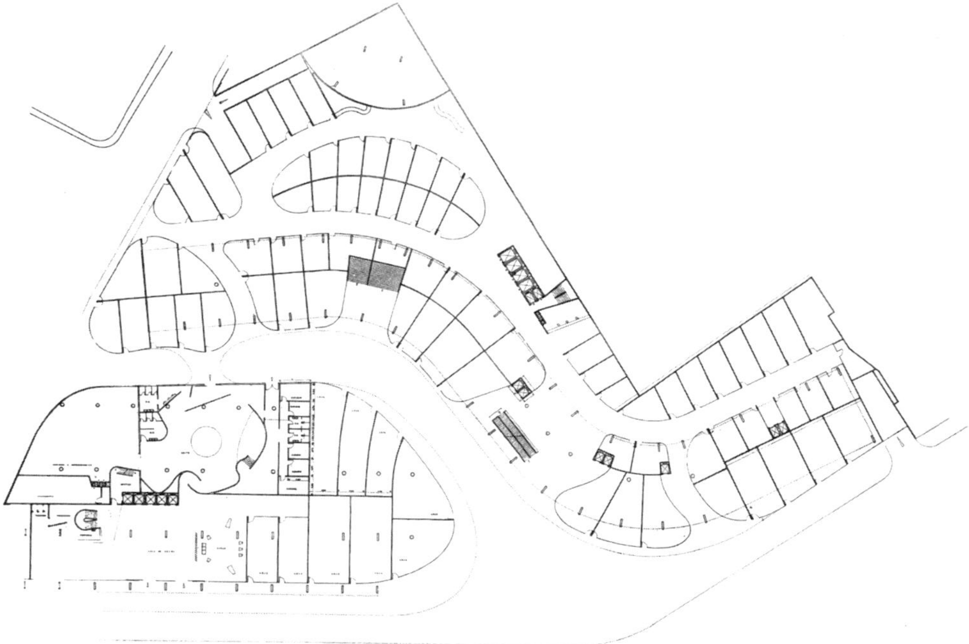

FIGURA 10: Edifício Copan (1951), planta do térreo. Fonte: Papadaki, 1956.

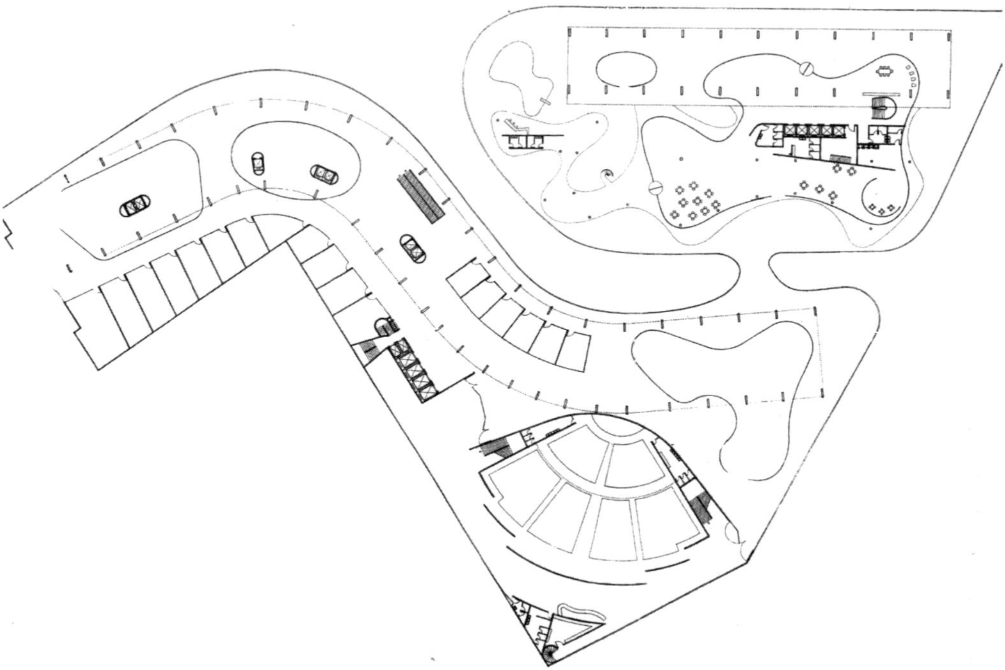

FIGURA 11: Edifício Copan (1951), planta da sobreloja. Fonte: Papadaki, 1956.

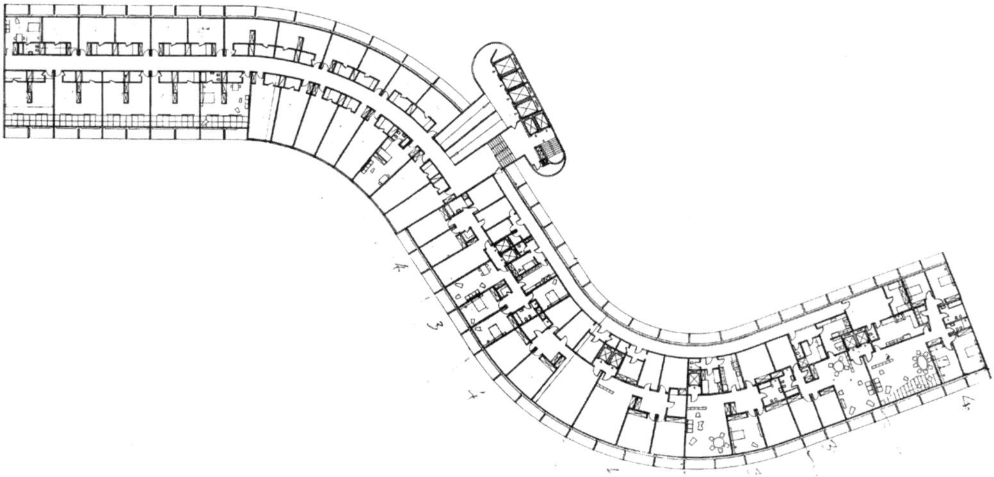

FIGURA 12: Edifício Copan (1951), planta tipo. Fonte: Papadaki, 1956.

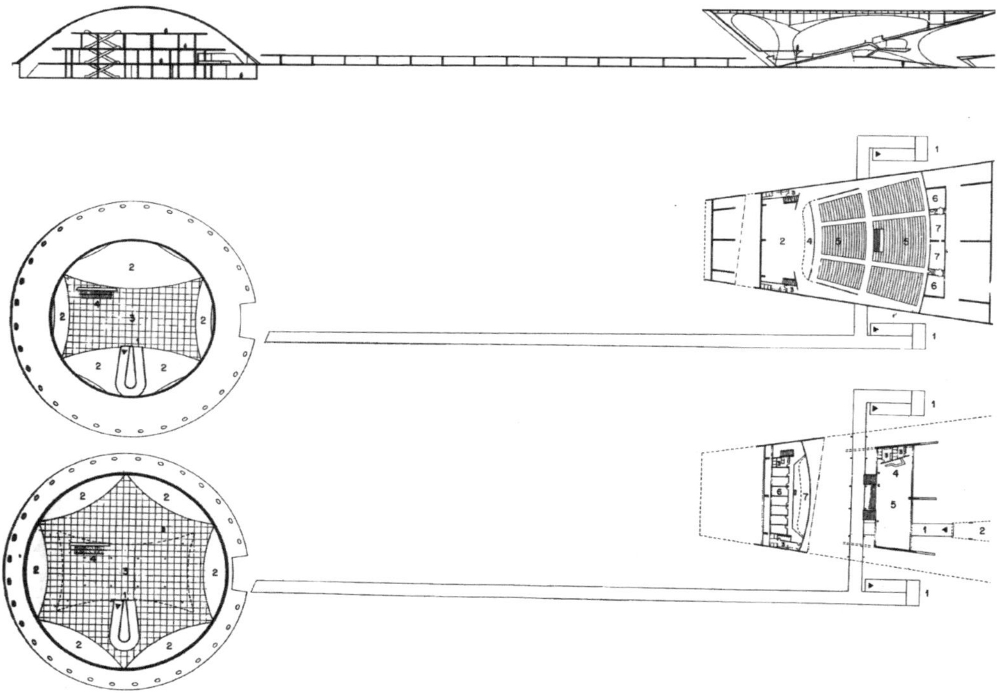

FIGURA 13: Parque Ibirapuera (1951), projeto original do auditório (plantas) Fonte: Niemeyer, 1975.

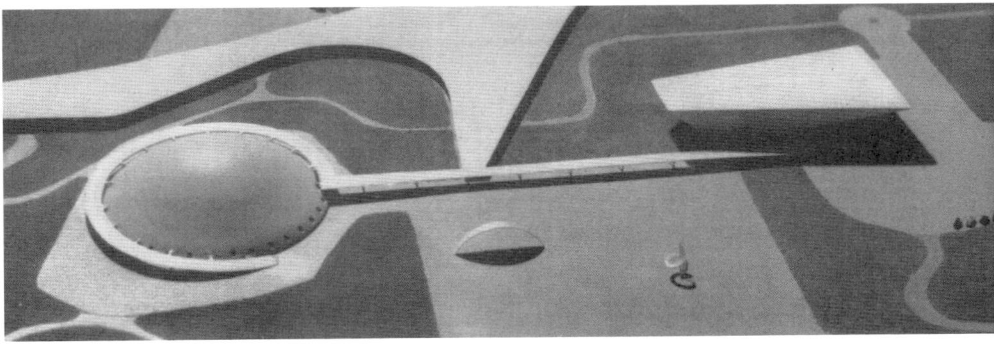

FIGURA 14: Parque Ibirapuera (1951), projeto original do auditório (maquete). Fonte: Papadaki, 1956.

FIGURA 15: Palácio das Indústrias no Parque Ibirapuera (1951), marquise. Fonte: Sonia Gouveia.

FIGURA 16: Palácio das Indústrias no Parque Ibirapuera (1951), vista interna. Fonte: Ingrid Quintana.

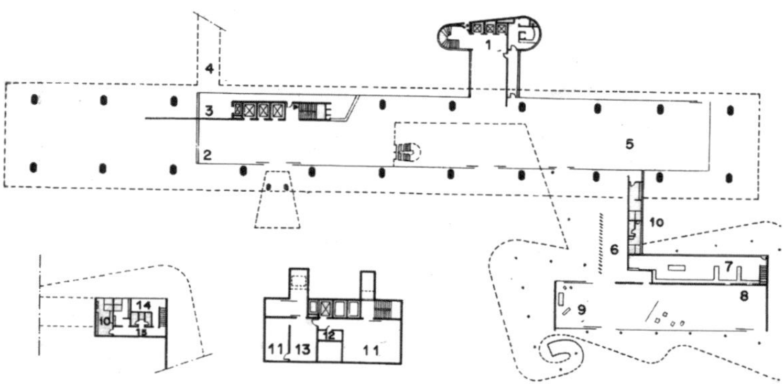

FIGURA 17: Palácio das Indústrias no Parque Ibirapuera (1951), planta do térreo. Fonte: Papadaki, 1956.

Ambos constam em *Oscar Niemeyer – Works in Progress* (Papadaki, 1956) e em inúmeras outras publicações.

O Conjunto Copan foi a maior realização do BNI junto com a Companhia Nacional de Investimentos (CNI)[24]. A ideia inicial era construir um grande hotel "com mais de 500 quartos"[25], visando atender o turismo esperado para o IV Centenário da cidade e o crescimento econômico da capital

paulistana. Por ocasião dos festejos do quarto centenário da cidade de São Paulo, Ciccillo Matarazzo me procurou para projetar o Parque do Ibirapuera. Era um trabalho importante, e eu declarei que aceitava realizar o projeto, mas que não o faria sozinho, convocando dois arquitetos daquela cidade. E com Hélio Uchoa, do Rio, e Lotufo e Kneese de Melo, de São Paulo, elaborei aquele projeto. Três grandes prédios para exposições, a entrada monumental com um museu e um auditório, e a grande marquise ligando todo o conjunto" (Niemeyer, 2000: 31).

24. "Nessa época o BNI já havia criado uma empresa paralela somente para realizar as incorporações chamada CNI – Companhia Nacional de Investimentos, que continuará existindo mesmo após a liquidação do Banco. Aliás foi essa companhia que, na época, assumiu as obras do edifício Copan – Companhia Panamericana de Hotéis e Turismo [...] O BNI em 1954 vai sofrer uma intervenção do então ministro Eugenio Gudin, sob a alegação de haver aplicação excessiva de recursos em imóveis além daquilo que a lei permitia. Porém as razões da intervenção não ficaram claras. O Banco gozava de plena saúde. A prova disso é que foi comprado pelo Bradesco, com todas as obras em andamento, incluindo o Copan, cuja obra estava parada" (Souza, 1994: 110-111).

25. O jornal *Folha da Manhã* (21 de setembro de 1951) publica no caderno "Economia e Finanças" um artigo no qual se mostra um primeiro projeto para o terreno realizado por técnicos norte-americanos (Leal, 2003: 60 – anexo 3).

paulista. O terreno de forma irregular, com cerca de 11 500 m² foi adquirido da Santa Casa de Misericórdia de São Paulo e dos proprietários Henrique de Toledo Lara e Conde Sílvio Álvares Penteado. Fazia frente para a Avenida Ipiranga, entre as ruas Araújo e Vila Normanda. As casas da Vila e a Garagem Titan, que ocupavam o terreno, foram demolidas. Dado o vulto do empreendimento e a predominância que o hotel tinha no conjunto, foi criada uma empresa independente, exclusivamente para esse fim, a Companhia Pan-Americana Hotéis e Turismo – Copan, da qual deriva o nome do conjunto. Seu modelo eram os grandes empreendimentos norte-americanos e, com esse fim, foi firmado um acordo com a Intercontinental Hotels Corporation de Nova York, que administraria o hotel quando concluído. O projeto norte-americano daí resultante, além de caro, não foi bem recebido no aspecto formal. A sociedade entre o CNI e a empresa norte-americana, no que se refere ao empreendimento, foi desfeita e o arquiteto Oscar Niemeyer convidado a projetar o conjunto. A revista *L'Architecture d'Aujourd'Hui,* no seu número monográfico sobre o Brasil (agosto de 1952)[26], publicou as primeiras versões do projeto já com a curva que

26. Número monográfico sobre o Brasil. A primeira versão do projeto Copan, ainda com o nome "Hotel Imperator e edifício de apartamentos em São Paulo", está

o tornaria famoso. No corpo da revista, um primeiro projeto apresenta curvas muito acentuadas; o hotel corresponde ao volume mais alto, enquanto a fachada é constituída por uma caixilharia modular uniforme. No final da revista é publicado um segundo projeto, no qual há uma inversão de alturas: o bloco dos apartamentos chega a 32 pavimentos e o hotel tem seu tamanho reduzido para 18 andares; as curvas são mais tranquilas e aparecem os *brises-soleil* horizontais, que unificam a fachada e lhe dão uma personalidade tão marcante no panorama urbano de São Paulo. Em depoimento à arquiteta Fernanda Bárbara (2004: 215), Carlos Lemos afirmou: "O Hotel iria consumir todo o dinheiro. Era um hotel de cinco estrelas, que predominava no conjunto. Então pensaram em fazer o contrário: mais apartamentos para vender e menos quartos de hotel". Além disso, o bloco residencial foi planejado para uma diversidade de tamanhos que iam do apartamento "sala e kitchenette", para o de um, dois, três e quatro quartos. O projeto foi aprovado na Prefeitura de São Paulo em 1952 e já no final desse mesmo ano as obras foram iniciadas. Com grande campanha publicitária como

nas páginas 120 e 121. A última versão está na página 135, já com as proporções efetivamente construídas.

"condomínio a preço de custo", foi lançado em maio de 1952, obtendo extraordinário sucesso de vendas[27].

O Copan é, indiscutivelmente, uma obra urbana na sua complexidade de funções e mistura de usuários. De acordo com o projeto original, a base das duas lâminas, tal como publicado no livro de Papadaki em 1956, é constituído por galerias ocupadas por comércio e serviços. Sob o edifício residencial, uma galeria principal, coberta, é cortada por várias outras, formando um interessante e movimentado núcleo comercial. A Rua Vila Normanda é mantida descoberta, mas, no projeto original, uma ponte unia a sobreloja com um número menor de lojas a um grande restaurante no mezanino do hotel, um cinema (posteriormente ocupado por uma igreja evangélica) e os acessos aos apartamentos. As calçadas, que originalmente eram em mosaico português, entram pelo interior das galerias numa continuidade entre interior e exterior,

27. "Em maio (de 1952) foi efetuado o lançamento público do bloco representado pelo condomínio, cujos 896 apartamentos e 112 lojas no valor aproximado de 500 milhões de cruzeiros foram totalmente tomados em prazo inferior a uma semana. O sucesso sem precedentes desse lançamento, que representa sem dúvida a maior contribuição para moradias no centro da cidade de São Paulo, constitui uma demonstração cabal do entusiasmo público pelo empreendimento, que representará o maior monumento arquitetônico da capital paulista concebido pelo mundialmente famoso Oscar Niemeyer" (Relatório anual de 1952 – "Panorama da Economia Nacional", publicado pelo grupo Roxo Loureiro, *apud* Leal, 2003: 134).

entre espaço público e galerias. Este caráter essencialmente urbano do projeto foi muito bem captado nesta descrição de Fernanda Bárbara (2004: 208):

> [O] desnível de quatro metros entre a Vila Normanda e a Rua Araújo é resolvido dentro da própria galeria: as circulações são como ruas inclinadas, cercadas por lojas cujas soleiras "acertam" as diferenças de cotas. Niemeyer traz para dentro do edifício não apenas as vias públicas mas a própria geografia da cidade permitindo a continuidade do território.

Havia dois níveis de subsolo para trezentos automóveis; o complexo embasamento com lojas e sobrelojas e no terceiro nível o terraço, que a princípio deveria ser um espaço de lazer e convivência. A longa e sinuosa barra continha 1024 apartamentos de diversos tamanhos, que variavam de 32 m² (sala e kitchenette) a 180 m² (apartamentos de quatro dormitórios). O andar tipo já foi aprovado com os sanitários internos ventilados por dutos, conforme a nova legislação. O andar tipo era extremamente interessante: continha dezoito unidades *s&k* de tamanhos diversos e cinco apartamentos de um quarto, banheiro e kitchenette, organizados por um corredor central até aproximadamente o meio da barra. Um núcleo, formado por seis elevadores e escada de segurança, tinha patamares de meio nível que se conectavam ao corredor central por rampas. Assim, havia apenas a metade das paradas dos elevadores, que desta maneira eram mais eficientes e rápidos. Na outra metade havia três apartamentos de três alcovas e, com diferentes tamanhos, quatro de quatro dormitórios, os quais variavam de 130, 147 e 180 m^2. Esses apartamentos eram organizados dois a dois por uma entrada privativa com dois elevadores cada. Aos fundos, um corredor de segurança e serviço conectava todos os apartamentos ao bloco vertical de circulação, afastado da lâmina, numa solução repetida pelo arquiteto inúmeras vezes, como no projeto para o hotel e apartamentos Quitandinha em Petrópolis, do ano anterior. O projeto original previa na cobertura um teto-jardim à maneira da Unidade de Habitação de Marselha (Le Corbusier, 1945-1952), de uso exclusivo dos moradores.

Como havia incentivos fiscais (isenção de emolumentos) o projeto do hotel foi desmembrado do bloco residencial, ficando a cargo do arquiteto Henrique Mindlin, que já havia realizado o projeto de um hotel com seiscentos quartos na Praia Vermelha, no Rio de Janeiro, em 1946 (Midlin, 1947)[28].

28. Este projeto também foi publicado com destaque, incluindo plantas e foto aérea, por Giedion (1947: 115). O Hotel Copan seria operado pela Intercontinental Hotels

Com a intervenção federal no BNI, então o maior acionista do empreendimento, em 1954, o projeto do hotel nunca foi concluído. Orozimbo Roxo Loureiro deixou a diretoria da Companhia Pan-Americana de Hotéis, mas Prestes Maia e Otávio Frias continuaram (*apud* Leal, 2003: 135)[29]. Mesmo assim, muitos compradores, sobretudo das unidades maiores, deixaram de pagar suas cotas e a paralisação das obras foi inevitável. Em 1957 o Bradesco comprou o que restava do BNI/CNI e assumiu a responsabilidade de concluir o conjunto, o que ocorreu apenas em 1970. Naquela ocasião, Oscar Niemeyer já estava completamente dedicado às obras de Brasília e delegou a Carlos Lemos a conclusão dos projetos. Na projeção do hotel, foi construído um edifício administrativo do Bradesco projetado por Carlos Lemos, que garantiu assim a volumetria do conjunto inicial, mas obviamente sem as lojas e a ponte para o restaurante na sobreloja.

O bloco de apartamentos também foi bastante alterado. Os administradores do Bradesco se deram conta de que a maioria dos compradores das unidades menores estavam em dia com

Corporation e durante o ano de 1953 foi projetado em associação com o escritório norte-americano sediado em Chicago, Holabird, Root & Burgee. Foi publicado na revista *Architectural Record* (outubro 1953: 17).

29. Originalmente publicado no caderno "Assuntos Especializados", *Folha da Manhã* (5 de fevereiro de 1955, p. 11.).

as prestações, ao contrário dos compradores dos apartamentos de três e quatro dormitórios. Por essa razão tomaram a decisão de subdividir as unidades maiores em pequenos apartamentos mais fáceis de vender. Hoje há 1120 apartamentos sendo a grande maioria *s&k* ou um quarto, sala e cozinha. As unidades de três dormitórios foram mantidas, mas são apenas 128. O *brise* horizontal é formado por lâminas de concreto com 1,45 m de largura, espaçadas 1,00 m entre si e revestidas em pastilhas de porcelana branca na parte superior, estendendo-se por toda a fachada da Avenida Ipiranga. Além da função natural de sombreamento, sua maior qualidade reside na uniformidade que confere à fachada, independentemente da diversidade dos apartamentos. Como no Edifício Montreal, as lâminas acabam formando um plano homogêneo, quando visto da rua, quase como uma superfície opaca. Na verdade, se observada a meia altura, a fachada ganha transparência e enorme riqueza cromática.

Essa solução será empregada pelo arquiteto em duas obras posteriores construídas em Belo Horizonte: no Banco Mineiro da Produção (1953), cuja implantação é semelhante ao Edifício Montreal, e no edifício de apartamentos Oscar Niemeyer, de 1954. A fachada posterior foi muito modificada com a inclusão de escadas circulares, mas neste caso também houve a preocupação de uniformizar as soluções. Na maior parte do bloco foi utilizado um elemento vazado de concreto, que permite a ventilação e a iluminação dos ambientes voltados para essa face, com bom resultado plástico.

Apesar dos percalços na sua realização, o edifício é hoje valorizado pelos moradores, que se engajaram em um complexo projeto de recuperação das suas intenções originais, sobretudo nos espaços públicos do embasamento (Sabbag, 2001: 44)[30]. Ao contrário do que a crítica mais apressada afirmou, o Copan é uma obra intensamente urbana, seja pelo embasamento vazado em galerias públicas, seja pela variedade de usos e funções. Ainda que nos anos 1950 em São Paulo tenham sido executadas outras obras complexas, de grande porte e uso misto, como o Conjunto Nacional na Avenida Paulista ou o Conjunto Metrópole na Praça Dom José Gaspar, o Copan foi precursor, ao reunir todas as funções numa obra de forte simbolismo e intensa presença urbana.

30. Sobre as obras de renovação do Copan, foram publicados muitos artigos em jornais, entre os quais: "Com a Bênção de Niemeyer, Copan Vai Ser Reformado" (*Jornal da Tarde*, São Paulo, 15 de outubro de 2000); "Copan, 50, Quer Virar Atração Turística" (*Folha de S. Paulo*, 11 de fevereiro de 2001); "O Copan Vai Ser Moderno. De Novo" (*Jornal da Tarde*, São Paulo, 26 de junho de 2002); "Copan Chega aos 40 e Planeja Cara Nova" (*Folha de S. Paulo*, 9 de abril de 2006). Foram também publicados ensaios como: "Olhar o Copan, Viver no Copan" (*O Estado de S. Paulo*, 20 de agosto de 2000); "Copan uma Cidade em São Paulo" (Guillerme Wisnik, *Nossa América Revista do Memorial da América Latina* n. 25 [número monográfico "Oscar Niemeyer, 100 Anos"], São Paulo, 2007, p. 64).

Os edifícios para a exposição do IV Centenário no Parque Ibirapuera ganharam grande destaque no livro de Stamo Papadaki (1956), nada menos que 29 páginas. A contratação de Oscar Niemeyer para o projeto dessa extensa e significativa obra gerou alguma polêmica, pois Ciccillo Matarazzo, presidente das comemorações, primeiramente procurou o departamento de São Paulo do Instituto de Arquitetos do Brasil (IAB), buscando formar uma comissão para realizar os projetos (Cerqueira *apud* Leal, 2003: 50)[31]. Como não houve entendimento, Ciccillo procurou Oscar Niemeyer, que aceitou o convite, mas convidou alguns arquitetos do IAB para formar uma equipe: Eduardo Kneese de Mello e Zenon Lotufo. A equipe se completaria com Hélio Uchoa Cavalcanti, seu colaborador carioca de muitos anos, e Gauss Estelita, também do Rio de Janeiro (Niemeyer, 2000). Apesar da extensa equipe, o projeto é indiscutivelmente todo ele de Oscar Niemeyer, como observou Carlos Lemos, que às vezes participava das reuniões e das "viradas" para terminar alguma etapa. No primeiro número da revista *Módulo* (março de 1955), o projeto e as obras do par-

31. Artigo originalmente publicado na *Folha da Manhã*, 27 de novembro de 1951. Os arquitetos que estavam preparando uma proposta a ser apresentada para Francisco (Ciccillo) Matarazzo Sobrinho eram: Oswaldo Bratke, Rino Levi, Eduardo Kneese de Mello, Ícaro de Castro Mello, Carlos Lodi, Carlos Alberto Gomes Gardim e Alfredo Giglio.

que foram publicadas com destaque, mas o título do artigo é corrosivo: "Mutilado o Conjunto do Parque Ibirapuera"[32]. O primeiro projeto apresentado era formado por três pavilhões para exposições, com uma estrutura reminiscente da fábrica Duchen: o Palácio das Indústrias, o dos Estados e o das Nações, o grande Auditório para duas mil pessoas, o Palácio das Artes e um restaurante próximo ao lago artificial. Esses edifícios seriam ligados por uma marquise de cinco pontas e quase seiscentos metros de extensão. Na entrada do parque, um pequeno pavilhão de recepção e uma praça com a famosa escultura em espiral – pensada para ser o símbolo do IV Centenário. Por razões de custo e prazo o projeto foi simplificado, "mutilado" como afirmaram os projetistas: o pavilhão da entrada foi eliminado e o público adentrava diretamente na esplanada desnuda; a marquise foi consideravelmente simplificada e encurtada, aproximando os palácios dos Estados e das Nações e suprimindo o tramo para o restaurante. A revista *Módulo* (março 1955: 18) é enfática ao atribuir o maior prejuí-

32. A revista *Módulo*, cujo número 1 tinha em destaque na capa as famosas colunas em V, elegantemente calculadas por Joaquim Cardozo para o pavilhão da Agricultura no Parque Ibirapuera, começou a ser publicada no Rio de Janeiro. Faziam parte da "direção" da revista: Joaquim Cardozo, Oscar Niemeyer Filho, Rodrigo M.F. de Andrade, Rubem Braga e Zenon Lotufo.

zo ao projeto a decisão de não construir o grande Auditório, pelo menos naquele momento:

> O Auditório além de servir para espetáculos de *ballet*, teatro, concertos e mesmo certas peças de teatro lírico, seria da maior utilidade para a reunião de congressos (e congresso foi o que não faltou em São Paulo ultimamente). Nada disso foi levado em conta. Suprimiram o Auditório – e o conjunto ficou inegavelmente capenga. Basta atentar para o seu traçado atual e se compreenderá o que foi dito. A arrojada *marquise* parece algo inacabada (e realmente o é) ou mal iniciada: sai de um ponto qualquer, desgarrado. É que foi suprimido o seu alongamento até o Auditório, também suprimido.

O único edifício construído exatamente como projetado foi o Palácio da Agricultura, que deveria abrigar seções permanentes do Ministério da Agricultura em São Paulo e, portanto, localizava-se fora do complexo das exposições. Era composto por um pavimento térreo, onde aparecem livres e elegantes as colunas em v que tanta polêmica causaram. *Módulo* publica uma foto do edifício em construção com a legenda: "a originalidade das colunas não foi motivada simplesmente por uma fantasia ou capricho plástico: resultou, ao contrário, da necessidade de melhor aproveitar o espaço térreo, reduzindo os pontos de apoio sem prejuízo do sistema construtivo".

No térreo foram construídos também dois pavilhões: o maior nos fundos, para abrigar garagens e serviços e o da frente, com um bar e restaurante. A sobreloja parcial deixa livre, com pé-direito duplo de 6,30 m, a maior parte do embasamento, que dessa forma permite explicitar a razão de ser dos apoios em V. Estava projetada para abrigar exposições e um salão de conferências. A barra vertical é formada por oito pavimentos de escritórios e na cobertura estava previsto um pavilhão para hospedagem, com quartos, sala de estar, rouparia etc., como um pequeno hotel. O edifício teve diferentes usos ao longo dos anos, em muitos dos quais foi ocupado pelo Departamento de Trânsito de São Paulo (Detran). Hoje abriga o Museu de Arte Contemporânea da USP (MAC USP), o que parece uma excelente solução para o edifício e o museu. A proposta de Niemeyer para reformar o prédio é, ao mesmo tempo, simples e lógica. No pequeno memorial que o arquiteto sempre escreve para acompanhar seus estudos, constam as três propostas principais: criar uma nova circulação, num bloco frontal ao edifício, com elevadores e rampas, interligando todos os andares, de modo a permitir que o público, a partir do último andar, vá descendo, como "num simples passeio"; criar alguns andares com pé-direito duplo, "o que nos obrigaria a fazer grandes aberturas nos tetos assegurando ao andar a imponência desejada" e, finalmente, criar o fechamento parcial ou total das fachadas em vidro, de forma a controlar a luminosidade natural interna. O governo do Estado de São Paulo encarregou o engenheiro José Carlos Süssekind, por sua proximidade com Niemeyer, para conduzir o projeto de reforma, o qual deveria estar concluído em 2008 (Cypriano, 2007). Por razões de custo, o contrato foi cancelado e a reforma realizada pela CPOS (Companhia Paulista de Obras e Serviços), que pertence ao Estado. A ocupação pelo MAC USP está sendo lenta e gradual: em 2013, foi projetada uma livraria da Editora da Universidade de São Paulo (Edusp) no mezanino.

Os pavilhões dos Estados e das Nações foram construídos próximos um do outro com plantas iguais, de dois pavimentos, com 42,0 m por 140,0 m, com uma parte do térreo rebaixada 2,0 m. As fachadas são porém diferentes por conta da orientação: "na face de maior incidência solar, um *brise* quadriculado de concreto vazado cobre toda a face do pavimento superior, articulando o bloco com o jogo de luz e sombra, variável no decurso do dia" (Barnabé, 2000: 111). Na face oposta foram instalados *brises* de alumínio verticais. O térreo, em ambos os pavilhões, tem a caixilharia recuada e pilares inclinados, como "mãos-francesas", que seguram o amplo balanço do piso superior, formando assim largos pórticos de sombra, muito agradáveis. Internamente uma rampa conecta o térreo com o trecho rebaixado e com o segundo pavimento. O Pavilhão das Nações, que foi rebatizado "Manoel da Nóbrega", abrigou a Prefeitura do Município de São Paulo por muitos anos. Hoje, reformado com simpatia e competência, abriga o Museu Afro-Brasil[33]. No outro pavilhão funciona o Centro de Processamento de Dados do Município (Prodam).

O Pavilhão das Indústrias é o maior, com 50 m por 250 m, três pavimentos e um subsolo hoje parcialmente ocupado. A entrada no térreo, no alinhamento da marquise, foi originalmente projetada para ocupar apenas uma pequena parte da projeção, com pé-direito duplo. Hoje toda a área foi fechada por esquadrias[34]. A circulação vertical interna realiza-se por escadas rolantes no meio do pavilhão e por uma espetacular rampa curva, em forma de ferradura, em um vazio irregular que permite visuais longas na extremidade do bloco. A

33. Reforma a cargo do escritório Brasil Arquitetura, dos arquitetos Marcelo Ferraz e Francisco Fanucci (*Projeto-Design* n. 305, julho 2005: 110).

34. "Também nos Pavilhões se pode observar outro detalhe demonstrativo da incompreensão dos que se fizeram responsáveis pela construção do Parque Ibirapuera. Ali, igualmente, haviam sido projetados espaços abertos, na parte inferior, para livre circulação dos visitantes – e sempre com o objetivo de proporcionar-lhes maior amplitude de perspectiva. Sob a alegação de necessidade de aproveitamento de espaço, baixaram-se os vidros que só deviam cobrir a parte superior da construção. Em favor de um utilitarismo que não se justifica, mutilaram também esses prédios" (*Módulo* n. 1, março de 1955: 20).

circulação externa realiza-se por uma ampla rampa regular. A face norte é protegida por *brises* verticais em alumínio recentemente restaurados. Há muitos anos abriga a Fundação Bienal de São Paulo e constitui um dos melhores espaços para grandes exposições que a cidade possui. Houve uma tentativa, em 1993, para ampliar o espaço da Fundação Bienal, construindo um pavilhão anexo com cerca de 3 000 m². Composto por três auditórios para 1 500 pessoas e salões para exibir o acervo da Bienal, além de um espaço de convivência, o projeto na forma de uma grande concha tinha 50 m de vão livre. Problemas com o custo da obra e com o Condephaat, uma vez que o Parque é um bem listado como patrimônio histórico, inviabilizaram o prosseguimento do projeto[35].

O Pavilhão das Artes e o Auditório foram descritos por Stamo Papadaki (1956: 150) da seguinte forma:

> Um domo de concreto armado, apoiado no chão abriga o Pavilhão das Artes, enquanto que o Auditório de 2 000 lugares tem seu apoio reduzido ao mínimo [...]. Uma rampa circular contornan-

35. Cf. "Um Novo Espaço para as Artes (Vamos Transformar o Pavilhão num Centro Cultural como o Georges Pompidou de Paris – do Arquiteto Oscar Niemeyer)", *Jornal da Tarde*, São Paulo, 29 de julho de 1993; "Niemeyer Apresenta Projeto de Anexo ao Prédio da Bienal [arquiteto expõe detalhes arquitetônicos ao Condephaat]", *Folha de S. Paulo*, 4 de março de 1994.

do o domo, conecta-se a uma passarela elevada sobre a esplanada e une as duas estruturas.

A Oca, como é hoje conhecido o Pavilhão das Artes, depois de um longo período de quase abandono como Museu da Aeronáutica, foi restaurada com grande competência e novamente é utilizada para exposições. O domo abriga quatro níveis apoiados numa estrutura independente da casca externa. Foram adicionadas escadas rolantes e todo o conjunto foi climatizado, permitindo que qualquer exposição seja apresentada em condições ideais[36]. A passarela elevada e o Auditório, se construídos na ocasião, teriam sido obras de grande impacto, dando razão para que o arquiteto se manifestasse com descontentamento inúmeras vezes[37].

36. Os jornais publicaram extensamente a reabilitação do Pavilhão Lucas Nogueira Garcez, que todos conheceram por Oca: "Ibirapuera Terá Área Reformada e Teatro Municipal" (*O Estado de S. Paulo*, 4 de dezembro de 1999); "SP Ganha Oca mais Bonita de Mundo [Reabre Hoje no Ibirapuera o Pavilhão Lucas Nogueira Garcez, Projeto de Niemeyer Inaugurado em 54]" (*Folha de S. Paulo*, 28 de fevereiro de 2000); "Oscar Niemeyer faz visita à Oca, no Ibirapuera e Promete Acabar o Projeto [Arquiteto de 93 anos diz que já fez o projeto de um teatro, que finalizaria o complexo do parque. Ele teria lago artificial e garagem subterrânea]" (*Jornal da Tarde*, São Paulo, 2 de maio de 2001).

37. Veja-se por exemplo: "Arquiteto Defende Teatro no Ibirapuera" (*Folha de S. Paulo*, 6 de dezembro de 1990); "O Auditório do Ibirapuera [não basta que o arquiteto saia da faculdade como um ótimo profissional, mas sim como um homem

Depois de anos de batalhas e onze tentativas frustradas, finalmente o auditório foi construído. A saga foi descrita com detalhes e ironia pelo crítico Fernando Serapião na revista *Projeto-Design*[38] (novembro 2005: 58). Ele observa que a décima segunda versão, a final, a derradeira "com laterais em triângulo e a planta em trapézio" é muito semelhante ao auditório projetado para o Centro de Operação do Sistema (COS) da Companhia Energética de São Paulo (Cesp), de 1984/1985 (Tsukumo, 1994). Na verdade, nem a décima segunda versão foi completamente construída. Nesse projeto, as entradas ocorriam pelas empenas laterais: do lado da Avenida, de acesso uma cobertura ovalada ou uma pequena rampa (Niemeyer, 2005: 286-287) e, do outro, uma nova marquise curta na forma de uma letra U angulosa, ligando a Oca à marquise existente, que deveria ser cortada e ao novo Auditório. O corte da marquise

consciente deste mundo]" (*Folha de S. Paulo*, 23 de junho de 2003); "Niemeyer Critica Rejeição a Projeto de Auditório [É lamentável, é ridículo, diz o arquiteto; procurador-geral se reúne hoje com a prefeita]" (*O Estado de S. Paulo*, 24 de junho de 2003); "Novo Auditório, do Ibirapuera Causa Polêmica [Obra prevista por Niemeyer, é contestada por quem acha que não se pode reduzir o verde]" (*O Estado de S. Paulo*, 30 de abril de 2003); "Niemeyer Recorda seu Ibirapuera" (*Jornal da Tarde*, São Paulo, 6 de novembro de 2003).

38. O projeto, finalmente executado, foi publicado no mesmo número (p. 46): "Auditório Completa Conjunto Edificado no Parque Ibirapuera – Do Projeto dos Anos 1950 Falta Apenas a Praça de Acesso".

existente gerou enorme polêmica[39]; o acesso foi repensado e situado na fachada inclinada frontal, no eixo da Oca. A solução proposta, como uma "labareda vermelha", é imensamente expressiva e dialoga com a escultura vermelha de Tomie Ohtake no *foyer*. O auditório é consideravelmente menor que nas primeiras versões, pois tem apenas oitocentos lugares, mas uma imensa porta, no fundo do palco, permite seu uso para *shows* com plateia externa. A obra emociona pela simplicidade e precisão de seu detalhamento, sobretudo a rampa de acesso à plateia em nível superior. Nos níveis inferiores localiza-se o

39. Os problemas com a aprovação do projeto começaram com o corte das árvores e com a liberação de novas construções numa área tombada pelo patrimônio histórico nos três níveis: federal (IPHAN), estadual (Condephaat) e municipal (Conpresp). A licença ambiental e a aprovação da construção foram obtidas, mas não o corte da marquise pelo Conpresp. A demolição de cerca de mil metros quadrados (3,0% do total) acabou não sendo concedida. Os jornais publicaram extensamente o assunto; veja-se: "Teatro do Ibirapuera Emociona Niemeyer [No dia em que viu sua obra o novo cidadão paulistano só se irritou ao falar da marquise]" (*O Estado de S. Paulo*, 25 de agosto de 2004); "Auditório do Ibirapuera Pronto, mas Niemeyer Critica 'Burrice'. [Obra será entregue hoje, mas sem a redução da marquise proposta pelo arquiteto]" (*O Estado de S. Paulo*, 14 de dezembro de 2004); "Idiotas de Todo o Mundo [A Marquise, Bush, a Morte. Aos 97 anos, estes são os inimigos de um furibundo Niemeyer]" (*O Estado de S. Paulo*, 9 de outubro de 2005). Sobre o Ibirapuera, o arquiteto expressa: "Fiz a marquise e não querem tirar o pedaço! É pessoal! Um movimento de hostilidade!" ("Arquitetos Defendem Corte da Marquise do Ibirapuera – Patrimônio Histórico – Eles Defendem a Intervenção do Autor em sua Obra", *Folha de S. Paulo*, 8 de outubro de 2005).

bar, sala de reuniões e, sob a plateia e palco, a administração, camarins e a sede do Instituto Música para Todos – organização da sociedade civil que administra o auditório e mantém uma escola pública de música. Na área de convivência há um painel do arquiteto Vallandro Keating.

De qualquer forma, a praça de entrada está inacabada e o estacionamento subterrâneo, extremamente necessário quando há exposições na Oca e concertos no Auditório, ainda não está resolvido. O próprio Niemeyer, através de suas doze propostas para este projeto, mostrou que existem várias soluções para o mesmo local e programa e, portanto, ainda há esperanças de que se encontre uma resposta para a principal entrada do parque Ibirapuera. A contradição reside no reconhecimento da excepcional qualidade de uma obra e, portanto, na necessidade de preservá-la através do tombamento no livro dos bens de valor histórico, e a inviabilidade de seu autor modificá-la para adequá-la aos novos tempos (Camargo, 2007; Scharlach, 2006).

O ano de 1952 foi muito ativo para o arquiteto, pois foram construídas seis obras suas no Estado de São Paulo. No Clube dos 500, de frente para a Rodovia Presidente Dutra, em Guaratinguetá, foi construído um posto de serviço composto por dois volumes. No primeiro, formado por cinco abóbadas de berço, apoiadas em paredes de concreto e nas extremidades em pilares inclinados, ficam os serviços para motoristas; no segundo, formado por uma laje plana apoiada em doze pilares escultóricos, ficam as bombas de gasolina e os poços para lubrificação. Uma simples marquise une os dois blocos, cujo primeiro apoio, próximo da rodovia, tem a forma de um *boomerang* vertical e se constitui no suporte para a publicidade do posto, visível a longa distância.

O Edifício Seguradoras tinha como cliente o Instituto de Resseguros do Brasil e foi projetado pelo escritório do arquiteto no Rio de Janeiro. Talvez por essa razão, teve um processo de aprovação longo e conturbado. O projeto foi inicialmente aprovado em setembro de 1953, com um arranjo *sui generis*: o projeto previa 23 pavimentos, dos quais oito eram para uso residencial e os restantes para escritórios em salões. A planta dos escritórios é banal, ocupando todas as divisas do lote. Há dois blocos separados por um poço de iluminação e ventilação com doze pavimentos. Daí para cima, só o bloco de frente para a Avenida São João prossegue recuando, como previa o código: 2,00 m na frente e nas laterais, simetricamente, de forma a garantir o tamanho máximo do andar. Nos últimos pavimentos ocorre um escalonamento, seguindo o ângulo formado pela reta que une, na fachada, um ponto equivalente a 1½ da largura da avenida com o ponto no térreo do alinhamento oposto. Era um procedimento típico dos planos urbanísticos, que mesclavam preocupações sanitaristas, como insolação e ventilação, com preocupações estéticas de caráter *beaux-arts*[40]. O uso misto acabou acarretando problemas legais e administrativos, que por fim resultaram no cancelamento dos apartamentos, ficando apenas um pequeno para uso do zelador. O "habite-se" é de fevereiro de 1958. A fachada é simples, formada por faixas regulares de caixilhos e alvenarias com a altura do parapeito. O único elemento que indica o autor é uma formidável marquise curva no térreo, revestida em pastilhas cor de rosa.

O Edifício Eiffel (Figs. 18 e 19), que curiosamente não consta do livro de Papadaki, nem das antologias publicadas por Oscar Niemeyer pela Editora Mondadori (1975) e pela Editora Revan (2005), é talvez a melhor obra particular realizada em São Paulo. Aos amigos, o arquiteto, insistia, não se lembrava de tê-la projetado.

No começo da década de 1950, as avenidas Vieira de Carvalho e São Luís e a Praça da República eram considerados endereços muito elegantes. Para esse público, o BNI/CNI lançou, com grande sucesso de vendas, um edifício constituído por 54 apartamentos duplex. Num difícil terreno triangular, entre as ruas Araújo e Marquês de Itu, com 58 metros de frente para

40. O melhor trabalho para compreender este urbanismo modernizador é o trabalho de Nadia Somekh (1997: 133).

FIGURA 18: Edifício Eiffel (1952), vista da Praça da República. Fonte: Sonia Gouveia.

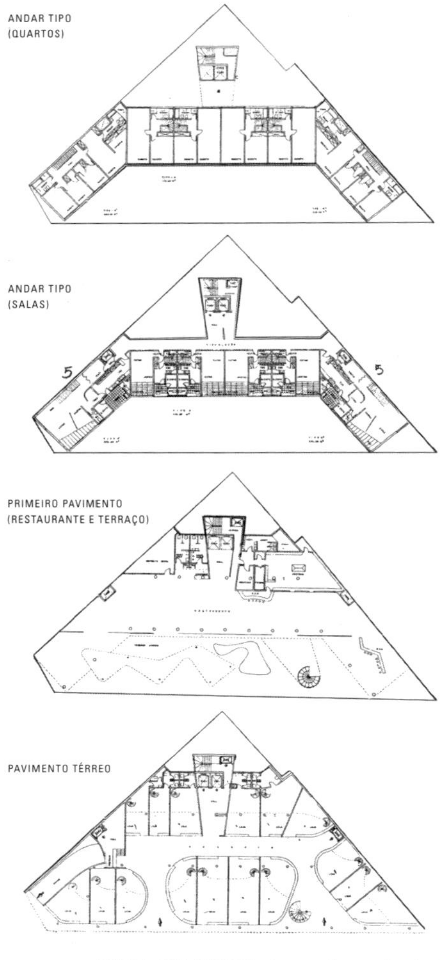

FIGURA 19: Edifício Eiffel (1952), plantas. Fonte: *Acrópole*.

a Praça da República, o prédio tem uma composição exemplar, senão clássica: base ocupando todo o terreno com uma galeria de lojas e sobrelojas, terraço, jardim e fuste cujo bloco central tem 22 pavimentos com quatro apartamentos duplex por andar. São unidades menores, com dois quartos, sala, cozinha e área de serviço, cujo acesso se dá por uma galeria aos fundos, servida por uma torre independente, com os elevadores e a escada; solução muito comum na obra do arquiteto. Dois blocos laterais contêm cada um cinco apartamentos duplex maiores com quatro dormitórios, sendo o maior com banheiro privativo independente, o que na época não era comum. No piso da entrada, servido por elevador social privativo, há uma grande sala, cozinha linear e ampla área de serviço. O embasamento ocupa os limites do terreno e tem dezesseis lojas que se abrem para o exterior e para uma galeria interna extremamente urbana. Para essa galeria abrem-se os elevadores e a portaria do prédio. Todas as lojas têm uma sobreloja que forma um volume horizontal, opaco, branco, apenas perfurado por pequenas janelas quadradas. Acima, um jardim, que originalmente deveria abrigar um restaurante, forma a perfeita transição entre a base e a torre. Há um subsolo para garagem dos moradores. A obra durou trinta meses e foi construída por Salfati & Buchignani Ltda. ("Edifício de Apartamentos em duplex, Edifício Eiffel", 1956: 134). O processo de aprovação foi rápido e sem grandes complicações, pois já em março de 1952 foi obtido o alvará de construção. "O único prédio que não foi alterado em nada foi o Eiffel. É exatamente o que ele projetou", relatou Carlos Lemos[41]. A fachada, que se conserva muito bem, é composta por elementos vazados de concreto nos terraços dos apartamentos maiores e nas áreas de serviço. Nos apartamentos menores, essas estão dispostas lado a lado, de forma a otimizar as prumadas hidráulicas. Por esse motivo o pano de elementos vazados é igual ao da área de serviço do apartamento maior, resultando numa composição final muito movimentada, rica e sumamente elegante.

O Hospital Gastroclínica, construído em amplo terreno na esquina das ruas Borges Lagoa e Professor Ascendino Reis, entre o Parque Ibirapuera e Vila Clementino, teve ao longo de sua história vários nomes. Quando de seu lançamento público, em dezembro de 1952, chamava-se Hospital Santa Luíza e em seguida Professor Edmundo Vasconcelos, seu fundador[42]. Pro-

41. Depoimento de Carlos Lemos em 7 de dezembro de 2001 (*apud* Leal, 2003: 120). Por razões de segurança os moradores criticam o acesso aberto dos apartamentos duplex maiores, diretamente na galeria comercial. Os demais elevadores são claramente controlados pela portaria.

42. "Hospital Gastroclínica – Um Matinal Aperitivo em Casa do Prof. Edmundo Vasconcelos." No texto menciona a obra "belamente projetada por Oscar Niemeyer" e entre os presentes cita o ministro Horácio Lafer, os engenheiros Oscar Niemeyer e Helio Cavalcanti e o senador César Lacerda Vergueiro". Publicado

jetado simultaneamente com o Hospital Sul-América no Rio de Janeiro (Papadaki, 1956: 62)[43] guarda com este muita semelhança, como é natural. Sobre um embasamento com três pavimentos, o bloco das enfermarias tem apenas seis andares, enquanto o Sul-América tem oito. Na cobertura, uma casca em concreto abriga áreas de serviço e sociais. Não fora pela solução do volume de serviços os projetos poderiam ser confundidos. No Gastroclínica chega-se ao primeiro pavimento, que funciona como se fosse o térreo, por meio de uma ampla e suave rampa. Nesse andar estão a recepção, salas de espera, admissão, administração, sala de médicos, cafeteria etc. O mezanino é parcial, deixando boa parte com pé-direito duplo. A estrutura é regular e os pilotis são colunas circulares. No Sul-América do Rio de Janeiro, os pilotis são formados por colunas em v, idênticas às que estão sendo construídas no Pavilhão da Agricultura, no Parque Ibirapuera, no mesmo ano. As colunas em v, claramente, não se justificavam nesse projeto, pois como escreveu o arquiteto:

> [...] permito-me exemplificar com as colunas em v, por mim projetadas para o Parque Ibirapuera em São Paulo, a Feira de Recons-

pela primeira vez no caderno "Vida Social" da *Folha da Manhã*, São Paulo, 7 de dezembro de 1952. p. 1 (*apud* Leal, 2003: 82 – apêndice 3).

43. Neste livro não há menção ao projeto de São Paulo.

trução de Berlim e o Hospital Sul-América desta cidade, e em w para o Conjunto Kubitschek de Belo Horizonte, todas destinadas a obras de vulto em meio a grandes espaços livres (Niemeyer, 1957).

Na Gastroclínica, o bloco das enfermarias é bem mais curto que nos projetos citados, o que indica ter o arquiteto um perfeito controle da composição e das soluções em planta e corte. O projeto foi completamente detalhado no escritório de São Paulo. Anos mais tarde, o hospital foi vendido para o Bradesco-Saúde, que introduziu reformas e adaptações aos novos programas, descaracterizando, de certa forma, o projeto original.

O Edifício Triângulo localiza-se no centro velho de São Paulo, na confluência das ruas Direita, José Bonifácio e Quintino Bocaiúva. Seu nome deriva em parte da forma do terreno e em parte do nome, que usualmente se dava ao Centro Histórico da capital paulista[44]. É uma obra problemática por muitas razões: em primeiro lugar, porque incidia sobre o terreno uma

44. "Com a continuidade desse processo, acabou por definir-se o Triângulo como área puramente comercial e, assim, durante cinco décadas, a partir de fins do século XIX, tornou-se ele o verdadeiro Centro da cidade. Formado pelas ruas de São Bento, Direita e Quinze de Novembro, passou a concentrar a maior parte do comércio varejista, das oficinas e *ateliers*, dos escritórios, dos estabelecimentos de crédito e das repartições públicas. Transformou-se no 'coração' da Pauliceia e recebeu dos paulistanos a denominação de 'cidade', em contraposição aos bairros existentes em sua periferia" (Müller, 1958: 132).

legislação específica, que havia sido concedida pela Prefeitura aos antigos proprietários, permitindo um "gabarito de 52 m no alinhamento para todas as ruas, e um corpo sobre elevado até atingir 60 m, mediante recuo uniforme de 2 m" (*apud* Leal, 2003: 100)[45]. O primeiro projeto apresentava em fuste uniforme até a altura de 70 m e foi indeferido ("Edifício Triângulo – A Cidade Levanta seus Cimos ao Céu", 1953). Diferentemente do ocorrido com o Edifício Montreal, o arquiteto, talvez excessivamente ocupado, não defendeu seu partido e aceitou a volumetria imposta pela Prefeitura. É possível também que, nessa ocasião, o BCI/CNI já tendo vendido a maior parte das unidades, insistisse em não mais perder tempo e aceitar os termos da legislação existente.

Por uma razão ou outra, o segundo projeto foi aprovado e tinha dezesseis pavimentos plenos, no alinhamento das ruas e três pavimentos no corpo sobre elevado. O andar tipo tem três elevadores, uma escada e dois conjuntos de sanitários, um para cada salão, formando um núcleo excêntrico e pouco elegante. Em segundo lugar porque o embasamento explora a valorização do local de forma excessiva. Todo o perímetro é ocupado por lojas e sobrelojas. O *hall* do edifício localiza-se

45. Reproduzido da folha 70 do processo 48.106 da Prefeitura do Município de São Paulo, referente à aprovação do projeto.

no subsolo, aliás como no Edifício Montreal, mas seu acesso se dá por uma escada íngreme a partir da Rua José Bonifácio. Dois painéis em vidrotil de Di Cavalcanti, em branco e azul, não conseguem eliminar a sensação de claustrofobia[46].

Em terceiro lugar, porque a solução dada à caixilharia e aos *brises* horizontais não foi satisfatória. No Edifício Triângulo, todas as fachadas são igualmente envidraçadas, mesmo os cantos arredondados. As esquadrias são muito simples, divididas como era habitual em três faixas: até o peitoril, fixa e em vidro aramado; acima, caixilhos de correr com vidro transparente e, por fim, dois painéis de vidro martelado. A proteção era dada por três faixas de brises formados por lâminas de alumínio horizontais apoiadas em 2600 mãos-francesas nos montantes da caixilharia. A impressão era excelente e foi saudada por artigos da imprensa[47]. Max Bill, ao visitar São Paulo, deu-se conta de que exposições solares diferentes exigiam

46. "Esse esquema é muito criticado pelos proprietários e usuários do prédio, pois impede o acesso à rua por meio dos elevadores. O formato curvo e íngreme da escada dificulta a implantação de uma escada rolante tornando complicado o transporte de materiais pesados em mudanças ou o acesso de deficientes e pessoas em situações especiais" (Leal, 2003: 102).
47. "É um empreendimento que pelo seu arrojo de linhas arquitetônicas vem contrastar com todos os outros imóveis das imediações. Não conhecemos outro edifício, cujas condições de construção se assemelhe a este" (Niemeyer, 1955).

soluções diferentes para cada fachada e criticou a obra[48]. Mas o problema foi essencialmente de execução e de manutenção. Na junta das palhetas de alumínio com os suportes de ferro ocorreu um processo de eletrólise, de tal forma que as lâminas foram se soltando e, por fim, foram todas retiradas, expondo a caixilharia nua. Isso levou a maioria dos usuários a instalar aparelhos de ar-condicionado na janela, para os quais não havia previsão, degradando a aparência do edifício.

O edifício de apartamentos Itatiaia (Figs. 20-22) foi construído em Campinas, no interior do Estado de São Paulo, para um grupo local de empreendedores. Trata-se de uma obra de grande qualidade e inovação: situado em frente à Praça Carlos Gomes, cuja vegetação é antiga e de grande porte, o edifício, com quinze pavimentos e quatro unidades por andar, ocupa os limites laterais do lote, que forma um ângulo com o alinhamento da praça. A planta do andar tipo é extremamente criativa. De forma simplificada, poder-se-ia descrevê-la como um grande v, em cujo miolo estão os serviços, sanitários, escada e elevadores. Na fachada para a praça há dois apartamentos: o

48. "Encontram-se estes *brise-soleil* como atributo indispensável aos *pan-de-verre*. Não se procura mais encontrar novas soluções para as diferentes condições. Existem mesmo aqui em São Paulo, exemplos onde aplicaram-se os *brise-soleil* em toda a volta da edificação" (Bill, 1954).

FIGURA 20: Edifício Itatiaia em Campinas (1952), fachada principal. Fonte: Hugo Segawa.

FIGURA 21: Edifício Itatiaia em Campinas (1952), fachada posterior. Fonte: Hugo Segawa.

FIGURA 22: Edifício Itatiaia em Campinas (1952), perspectiva interna. Fonte: *Habitat*.

menor – com dois quartos no vértice do V – e o maior – com três quartos na parte mais aberta. Nos fundos, o esquema se repete, mas o arquiteto introduz uma curva unindo as empenas, que contrasta com a fachada principal em linha reta. Em todos os andares, na altura das "bandeiras" das janelas, o Niemeyer introduziu quebra-sóis horizontais, de grande efeito plástico. A solução para a fachada curva foi, nos anos seguintes, copiada e adaptada a inúmeras situações por arquitetos de menor talento. No pavimento térreo, os pilares descem livremente, formando um piloti ajardinado muito agradável. A obra, de grande expressividade, nunca foi publicada nos livros e antologias, o que é uma pena, pois trata-se de um excelente projeto que mostra a capacidade inventiva do arquiteto, mesmo nos programas mais convencionais[49].

O ano de 1953 foi muito movimentado, mas poucas foram as obras construídas.

A obra mais interessante projetada naquele ano foi o Conjunto Habitacional para o Centro Técnico da Aeronáutica (CTA) em São José dos Campos, no eixo entre São Paulo e Rio de Janeiro. A obra foi publicada por Stamo Papadaki com

49. A revista *Habitat* n. 12 (1953: 9) publicou um estudo inicial: "Prédio em Campinas".

destaque, dedicando-lhe nove páginas e uma introdução, que serviria também para o Edifício Itatiaia em Campinas: após se referir ao grande número de importantes projetos que o arquiteto vinha desenvolvendo, o crítico entende que seria normal esperar do profissional um certo grau de repetitividade, delegando soluções, que ele denomina *current business*. Mas não é o que acontece com a obra de Oscar Niemeyer, que recebe aqui "o dom de uma imaginação alerta e o engajamento de um interesse genuíno. Não é pois um paradoxo afirmar que está nos 'trabalhos menores' a confirmação do potencial criativo do projetista" (Niemeyer, 1956: 159). Neste ano, completou-se o Plano Diretor iniciado em 1947, com a construção de mais dois tipos de habitações. O primeiro tipo era formado por vinte casas geminadas em filas de aproximadamente 180 m de comprimento e 18 m de largura. Cada casa tem um terraço parcialmente coberto na frente e muros, alternadamente cheios e vazados, entre eles. A sala tem um pé-direito variável, abrindo-se para uma galeria no piso superior, onde estão dois quartos e um banheiro. O segundo tipo é formado por casas geminadas duas a duas. No piso superior, elas formam uma barra contínua com três quartos e banheiro, mas na parte de baixo a área coberta pelos quartos transforma-se num generoso terraço, que continua um pátio ajardinado formando um L em torno da sala, cozinha e serviços. Os blocos são muito longos, mas os jardins entre as casas no térreo permitem uma certa transparência, diminuindo a obstrução visual e a sensação de despersonalização que poderia acarretar a grande repetitividade.

A residência Francisco Pignatari foi um dos maiores projetos residenciais do arquiteto. Em três planos, aproveitando os desníveis do terreno, aproxima-se pela concepção de linhas retas e sóbrias do projeto Burton Tremaine, de 1947, em Santa Barbara (Califórnia). A obra foi iniciada, paralisada e posteriormente demolida. Os jardins projetados por Burle Marx já estavam iniciados, quando as obras foram canceladas. Hoje formam um parque público, junto à Avenida Marginal do Rio Pinheiros, na região sul de São Paulo (Hess, 2006: 82).

Nesse mesmo ano foram projetadas duas casas não construídas: a residência Sérgio Buarque de Holanda e a residência Francisco Matarazzo Sobrinho[50], e um Restaurante Drive-In, na rodovia São Paulo-Paraná – hoje Rodovia Raposo Tavares. Este restaurante não foi projetado por Oscar Niemeyer

50. "[...] como Sérgio Buarque de Holanda, a quem Oscar projetou uma casa, infelizmente não construída devido à mudança do historiador para a Itália; como Ciccillo Matarazzo e dona Yolanda, de simpatia inesquecível, em cujo apartamento na Albuquerque Lins almocei inúmeras vezes, com o pretexto de discutir detalhes do projeto de execução da casa a ser feita no Morumbi [...]" (Lemos, 2004: 151).

mas por Gauss Estelita, colaborador do arquiteto, conforme relatou Carlos Lemos[51].

Em julho de 1953, o arquiteto Carlos Alberto Gomes Cardim Filho (153: 395) relatou, em um longo artigo na revista *Acrópole* n. 179, as dificuldades encontradas para construir, no contexto das comemorações do IV Centenário da cidade, o Paço Municipal de São Paulo. O relato é o seguinte: Em fevereiro de 1952, o prefeito Armando de Arruda Pereira havia aberto um concurso para o projeto do paço, que seria construído na área desapropriada para essa finalidade, entre as ruas Santo Antônio, Santo Amaro e Viaduto Jacareí. O júri, entendendo que nenhum projeto havia resolvido a contento o difícil programa, declarou desclassificados todos os onze concorrentes. O prefeito então, interessado em resolver o problema, nomeou uma comissão, integrada pelos arquitetos Oscar Niemeyer, Carlos Alberto Gomes Cardim Filho, Alfredo Giglio, Julio César Lacreta, Carlos Lodi, Mario Pucci e Eduardo Corona. Depois de muitas reuniões, o arquiteto Oscar Niemeyer apresentou um projeto com o mesmo programa do

51. "Aquele Drive-In não é do Oscar, é do Estelita. O Oscar falou para o Estelita: 'Você vai fazer esse negócio porque eu não vou fazer'. E o Estelita desenhava igualzinho a ele. Teve um caso parecido também com uma casa ótima, que o Marino de Barros construiu" (Lemos *apud* Leal, 2003: 61).

concurso, "que tem a linha marcante de sua individualidade, e que teve a colaboração crítica da equipe nomeada para esse fim" (Cardim Filho, 1953: 397).

Aproveitando o grande desnível do terreno, o arquiteto localizou, num grande volume horizontal semienterrado, a partir do nível do Viaduto Jacareí, um estacionamento para quinhentos automóveis, a câmara dos vereadores, um grande auditório, as áreas de acesso público, e todo o conjunto de salas para comissões, partidos etc. Ao nível do viaduto, formava-se uma grande praça pública, com cafés e restaurantes, de onde partia um "monobloco" com dezesseis pavimentos para as secretarias, apoiado em colunas em v, cuja forma estava mais próxima daquelas encontradas no Edifício Califórnia do que naquelas construídas, no ano seguinte, no Palácio da Agricultura do Parque Ibirapuera. As plantas publicadas naquela ocasião serviram de base para a concorrência das estruturas, mas a obra ficou paralisada por muitos anos e concluída com profundas alterações, que a descaracterizaram completamente. Tivesse sido concluído como projetado, São Paulo teria um Paço Municipal à altura da importância da cidade.

Nos anos seguintes o arquiteto fará duas viagens importantes ao estrangeiro. Em 1954 para a Venezuela, onde projetará o famoso museu em Caracas, que tanta polêmica suscitou[52]. Yves Bruand caracteriza essa obra como emblemática de uma mudança, que estava ocorrendo na obra do arquiteto e que se reforçará com sua longa viagem à Europa no ano seguinte. A pirâmide invertida do Museu de Caracas representaria a continuidade das experiências dos anos anteriores, pois bastaria compará-la com o primeiro auditório do Parque Ibirapuera, "do qual deriva indiscutivelmente" (Bruand 1981: 182). Neste prisma invertido, que repousa numa das arestas, poder-se-ia ainda ver a materialização geométrica de um espaço interior, enquanto, no museu para a capital da Venezuela, as preocupações puramente formais, com a simplificação dos meios empregados e a concentração na forma única, poderosa e sintética, seriam os primeiros indícios de uma profunda mudança, em que o arquiteto iria incorrer nos anos seguintes. Uma viagem realizada em 1955, durante a qual percorreu todo o Velho Continente, de Lisboa a Mos-

52. "Um dia fui passar uma temporada na Venezuela para atender a Inocente Palacios, que desejava que eu projetasse um museu em Caracas. O local era belíssimo, um platô sobre a cidade. Gostei dessa viagem, do museu que projetei, uma pirâmide invertida, debruçada sobre a paisagem, e de ter conhecido Fruto Vivas, que comigo colaborou, até hoje meu amigo, e um dos arquitetos mais competentes e atualizados que conheço" (Niemeyer, 2005: 167). Ver também: *Módulo* n. 4 (Rio de Janeiro, março de 1956: 37); *Aujourd'hui* n. 7 (Paris, março de 1956: 48); *Domus* n. 317 (Milão, abril de 1956: 2); Papadaki (1956: 82).

cou, o impressionou profundamente. Prova dessa mudança são os depoimentos que escreveu, sobretudo o publicado na revista *Módulo*, que dirigia[53]. Nesses textos há, fundamentalmente, dois temas: o primeiro, relacionado à postura profissional do arquiteto, que por decorrência de seu engajamento político, via no trabalho que estava realizando uma contradição com o quadro social do Brasil, pois entendia que sua arquitetura estaria "relegada apenas a atender os caprichos das classes abastadas" (Niemeyer: 1958). Ele reconhecia ter aceitado trabalhos em demasia executando-os às pressas, "confiante na habilidade e capacidade de improvisação de que se julgava possuidor".

A descoberta da arquitetura europeia e de seu passado funcionou como um amadurecimento, como uma revelação

53. "As obras de Brasília marcam, juntamente com o projeto para o Museu de Caracas, uma nova etapa no meu trabalho profissional. Etapa que se caracteriza por uma procura constante de concisão e pureza e de maior atenção para com os problemas fundamentais da arquitetura. Esta etapa, que representa uma mudança no meu modo de projetar e, principalmente, de desenvolver os projetos, não surgiu sem meditação. Não surgiu como fórmula diferente, solicitada por novos problemas. Decorreu de um processo honesto e frio de revisão de meu trabalho de arquiteto. Realmente, depois que voltei da Europa, após haver – atento aos assuntos do oficio – viajando de Lisboa a Moscou, muito mudou a minha atitude profissional" (Niemeyer, 1958: 3). Ver também: *L'Architecture d'Aujourd'hui* n. 80 (Paris, outubro de 1958) e *Zodiac* n. 6 (Milão, abril de 1960: 131).

da permanência e da história, do valor de seus monumentos símbolos, do estágio de uma civilização, por oposição aos fatores transitórios representados pelas funções e pelo programa[54]. Ele admitia que essa atitude de descrença "que as contradições sociais ensejam" o havia levado a uma certa negligência, a descuidar certos problemas e a adotar "uma tendência excessiva para a originalidade", no que era encorajado pelos clientes, desejosos de dar às suas obras maior repercussão e realce. Dessa maneira, a economia e a tectônica foram relegados a segundo plano. E prosseguia de forma propositiva:

> E se refiro esta autocrítica, iniciada há dois anos, quando elaborava o projeto do Museu de Caracas, é por considerá-la processo normal e construtivo, capaz de nos conduzir à correção de erros e a melhores resultados, com adoção de uma série de providências e medidas disciplinadoras. Estas, no meu caso se assinalam, primeiro: pela redução de trabalhos no escritório e pela recusa sistemática daqueles que visem apenas a interesses comerciais, a fim de melhor me dedicar aos restantes, dando-lhes assistência contínua e adequada;

54. É interessante observar que Aldo Rossi, anos depois, chegou às mesmas conclusões. Cf. Aldo Rossi, *Para una Arquitectura de Tendencia. Escritos 1956-1972*, Barcelona, Gustavo Gili, 1977, p. 178.

> depois: estabelecendo para os novos projetos uma série de normas que buscam a simplificação da forma plástica e o seu equilíbrio com os problemas funcionais e construtivos. O segundo tema está relacionado com a postura projetual, que via, não uma ruptura brusca com o passado, mas a necessidade de concisão, de simplificação dando à estrutura o protagonismo que confere à obra unidade e harmonia. Nesse sentido, passaram a me interessar as soluções compactas, simples e geométricas; os problemas de hierarquia e de caráter arquitetônico; as conveniências de unidade e harmonia entre os edifícios e, ainda, que estes não mais se exprimam por seus elementos secundários, mas pela própria estrutura, devidamente integrada na concepção plástica original (Niemeyer, 1958: 4).

Data dessa época o fechamento dos escritórios de São Paulo, Belo Horizonte e Rio de Janeiro. O arquiteto passou a dedicar-se exclusivamente às obras de Brasília. Seu relato é singelo e direto:

> Durante o longo período que transcorreu entre Pampulha e Brasília meus contactos com JK continuaram, e a seu pedido elaborei vários projetos para Minas Gerais, como, em Belo Horizonte, o Colégio Estadual, a Escola Julia Kubitschek, o Banco Mineiro da Produção, a Biblioteca Estadual e o Teatro Municipal, além de um hotel, e um clube que projetei para Diamantina. Somente em

1957 surgiu o problema da nova capital. JK me procurou na casa de Canoas para dizer: "Niemeyer, fizemos Pampulha. Agora vamos construir a nova Capital" (Niemeyer, 2005: 171).

Oscar Niemeyer voltará a ter obras construídas em São Paulo apenas em 1985, com a residência Marco Antônio Amaral Rezende em Ilha Bela (Hess, 2006: 198). No ano seguinte, o prefeito Jânio Quadros o convidou para um projeto complexo, extremamente ambicioso e que teria mudado a face de São Paulo se fosse levado adiante: a urbanização do Rio Tietê[55]. A proposta apresentada era irrealista e a prefeita Luiza Erundina, que sucedeu Jânio Quadros, tinha outras prioridades e o arquivou.

Em fins de 1987 terá início o projeto para o Memorial da América Latina, composto por sete edifícios: auditório, biblioteca, passarela, escultura, Pavilhão da Criatividade, recepção, restaurante e Salão de Atos. Em 1991, o conjunto foi acrescido pelo edifício do Parlamento Latino-America-

55. Sobre esse projeto há muitos textos explicativos: Fernando Serapião. *Projetos Antagônicos* (Piauí, fevereiro de 2007, p. 28); Julio Roberto Katinsky, "Oscar Niemeyer e a Cidade de São Paulo", (VVAA, *Oscar Niemeyer em São Paulo,* São Paulo, Instituto Tomie Ohtake/IAB-SP/FAUUSP, 2004); Heliana Nogueira, "Sonho Possível. O Tietê Salvo pela Prancheta dos Arquitetos" (*Jornal da Tarde*, São Paulo, 29 de outubro de 1991) (Niemeyer, 2000: 33; Comas, 1993).

no. Quando da inauguração das obras em meados de 1989, Darcy Ribeiro, que havia trabalhado com Oscar Niemeyer em projetos importantes como na Universidade de Brasília, na Argélia e nos Centros Integrados de Educação Pública (CIEPS), deu uma entrevista onde relata a origem e as intenções originais da obra. A intenção do então governador do Estado, Orestes Quércia, era fazer um centro de convivência, com o desejo de que São Paulo se integrasse na América Latina. Coube a Darcy Ribeiro (*apud* Wolf, 1989: 56) a programação cultural e a Oscar Niemeyer o projeto, o qual "concebeu tudo em três dias, numa rapidez incrível, que só ele consegue, como se já tivesse dentro de si as sombras platônicas, a gruta platônica que, de repente vira uma explosão" (*apud* Wolf, 1989: 56). O centro de vivência, para o qual havia sido destinado um terreno de sessenta mil metros quadrados – utilizado pelo metrô para canteiro de obras da estação Barra Funda –, transformou-se num projeto monumental, que glorificava o sofrimento, a emancipação e a unidade dos povos latino-americanos. O passado e o presente. Segundo Darcy Ribeiro, a intenção era construir uma grande praça cívica, que na realidade são duas, pois o arquiteto conseguiu a inclusão de outro terreno separado do primeiro por uma avenida inevitável, mas unidos por uma passarela, na embocadura da qual está o monumento da mão aberta, com suas veias sangrando, numa alusão ao livro clássico de Eduardo Galeano (1970). Pretendia-se uma praça cívica, que teria como modelo a Plaza de Armas da tradição urbanística hispânica, uma área que muita gente pudesse percorrer, circundada por "um conjunto de edifícios para glorificar a América Latina, que fossem belos e pudessem exercer certas funções úteis e indispensáveis", no dizer de Darcy Ribeiro (*apud* Wolf, 1989: 57). Por esse motivo, imaginava-se que o metrô seria a principal forma de acesso a este espaço urbano, circundado por velhos e desolados galpões industriais sem vida própria. A maquete original mostrava uma escadaria monumental saindo do patamar intermediário da rampa de acesso à estação, oferecendo uma visão geral do Memorial. Essa solução foi inviabilizada por uma rua entre a rampa e a praça, que não foi possível eliminar. Hoje o acesso é feito, como na Catedral de Brasília, por uma passagem inferior, que permite ao visitante, como disse Darcy Ribeiro, "ver amanhecer todo o conjunto".

A primeira praça, totalmente pavimentada, recebe à direita a biblioteca, o Salão de Atos, disposto frontalmente e, à esquerda, o restaurante, além das esculturas e de um pequeno centro de informações. O Salão de Atos e a biblioteca formam um ângulo reto entre si, dando costas para as ruas circunvizinhas, mas definindo dois lados da praça. O terceiro lado é indefinido, pois o restaurante redondo e a passarela, muito leve, não têm presença suficiente para tanto. O quarto lado é limitado pela rua e pelo túnel de acesso. No lugar das "estátuas", que usualmente lembram os heróis nacionais, Oscar Niemeyer preferiu o Salão de Atos que, no dizer de Darcy Ribeiro, seria "uma catedral cívica, um salão centrado no painel *Tiradentes* de Portinari, que São Paulo trouxe de volta de Minas Gerais. O painel está lá, dialogando com outros seis em baixo-relevo, feitos de concreto, de 14 m de altura" (*apud* Wolf, 1989: 57). O restaurante deveria oferecer pratos típicos e festivais gastronômicos, mas fechou e hoje foi transformado em galeria de arte.

Após cruzar a avenida de acesso à estação pela passarela curva, chega-se à segunda praça cívica, que é formada por quatro edifícios: Centro de Estudos Latino-americanos e Administração do conjunto, Pavilhão da Criatividade, Parlamento Latino-americano e Grande Auditório. Repete-se, nesta praça, o esquema compositivo da primeira. O edifício administrativo, pendurado nas duas grandes vigas da cobertura por meio de vários tirantes, é a única forma retangular, enquanto que os demais são volumes compostos por formas curvas. Após a construção do Parlamento, volume cilíndrico, que divide a praça e dialoga com a forma côncava do Pavilhão da Criatividade, a praça recebeu uma arborização de palmeiras. O auditório, como a Biblioteca e o Salão de Atos, é composto por cascas de concreto e fecha a composição[56].

Trata-se de um projeto crepuscular, que foi recebido com elogios generosos e críticas duras, sem meios termos. De uma maneira geral, as críticas concentraram-se em dois pontos principais: na proposta urbana que a implantação enseja e no desmesurado tamanho das estruturas de concreto armado. No primeiro caso, Edson Mahfuz, que já se havia dedicado a compreender os métodos projetuais de Niemeyer[57], escreveu:

> Duas impressões são muito fortes já na entrada: o impacto visual causado pelas formas inusitadas da Biblioteca e do Salão de Atos, e a sensação de desolação causada pela aridez, pobreza de detalhes e falta de definição tridimensional da Praça Cívica. Esse "espaço" confirma a noção heideggeriana de que a desola-

56. Ver: *Projeto* n. 120 (São Paulo, abril de 1989); *Nossa América, Revista do Memorial da América Latina* n. 25. Número monográfico "Oscar Niemeyer 100 Anos" (São Paulo, 2007); "Maioridade do Memorial [Ponto alto da festa dos 18 anos do Memorial da América Latina é a mostra do colombiano Fernando Botero. Mas a instituição ainda busca seu eixo]" (*O Estado de S. Paulo*, Caderno 2, 21 de março de 2007: 2-3).

57. "A exemplo dos arquitetos do Renascimento ele emprega um número finito de estratégias compositivas e de elementos de composição – componentes de um repertório desenvolvido lento e seguramente – para todos os problemas para os quais lhe é pedida uma solução arquitetônica" (Mahfuz, 1987: 60).

ção constitui de alguma forma a raiz da condição metropolitana (Mahfuz, 1989: 44).

A revista *Projeto*, num texto contundente da historiadora Ruth Verde Zein (1989: 73), enfatiza a sensação de maquete abstrata ao afirmar:

> [...] os edifícios estão postados ortogonalmente entre si, encostados nas divisas, de costas para elas e de frente para espaços livres centrais, que não passam de cimentados sem graça. É só o que se pode dizer da implantação, em suma bastante primária. Não há preocupação com visuais, os eixos criados mal são perceptíveis, os acessos são difíceis, o excesso de grades prejudica a possível fluidez dos espaços, o metrô parece que chegou atrasado à festa em vez de ser o dono da casa, o entorno foi solenemente esnobado.

O problema do entorno foi igualmente observado por Sergio Teperman (1989: 59):

> [...] trata-se de um conjunto espetacular, construído em um local de paisagem triste; em geral os projetos de Niemeyer se dão melhor em grandes áreas sem construções ao lado. Os organizadores do Memorial torcem por um efeito "Pompidou" de valorização e dinamização das áreas circundantes, em função também

dos centros comerciais previstos para a região, mas o resultado, só o futuro dirá.

Nesta mesma linha estão textos de Carlos Eduardo Comas (1993: 92), que associa a praça cívica ao espaço aberto de uma maquete: "perceptivamente desolador, conceitualmente passivo, experiencialmente [*sic*] inóspito", o de Joaquim Guedes na *Revista* USP[58] (*apud* Kujawski, 1998) e, por fim, o de Maria Alice Junqueira Bastos, que dedica ao Memorial um capítulo de seu precioso livro sobre arquitetura brasileira pós-Brasília. Após relacionar os painéis e esculturas dos heróis mortos[59] ela conclui com estas palavras:

> Mais que celebrar um ideal vivo de integração, o conjunto parece lamentar as perdas, os sonhos de liberdade e emancipação que não vingaram. A melancolia do ambiente é reforçada pela falta de tratamento do espaço externo, aliado aos edifícios definidos por poucos elementos, também despidos, quase uma continuação vo-

58. Publicado originalmente em: Joaquim Guedes, *Revista* USP n. 5, São Paulo, 1990.
59. "Logo após vocês vão chegar no Memorial. E aí, entre os negros vidros das fachadas, lembrar os velhos tempos dessa América Latina tão ofendida, suas origens, seus libertadores, seus colonizadores, sonhos e esperanças". Depoimento publicado originalmente em: "Auto de Fé e Solidariedade", *Projeto* n. 120, São Paulo, abril de 1989: 66.

> lumétrica do piso, dando a sensação de irrealidade, como se fosse um projeto suspenso, inacabado, impossível de se concretizar fora do mundo utópico da modernidade (Bastos, 2003: 231).

Claramente, perdeu-se uma grande e talvez única oportunidade de "celebrar um ideal de integração", convidando arquitetos e artistas de toda a América Latina, para projetar os diversos edifícios, painéis e esculturas previstas. Basta lembrar o magnífico resultado colhido pelo projeto Céramique em Maastricht. Num trecho da cidade, com velhas e abandonadas fábricas de produtos cerâmicos, o arquiteto Jo Coenen foi capaz de criar um novo centro urbano, integrado e vigoroso. A partir de um plano diretor, no qual todos os aspectos de conectividade, reconversão e novas construções estão integrados, os edifícios foram projetados por vinte e quatro escritórios de toda a Europa e não apenas por ele próprio (Haan, 2005: 369). O resultado pode ser visto na diversidade dos materiais e detalhes, na coerência da implantação e na qualidade de vida urbana que se obteve por esse processo.

As críticas de caráter tectônico não se prenderam apenas ao apelo às desmesuradas proezas estruturais ao pendurar cascas em vigas biapoiadas com 90 m de vão, mas, no caso da Biblioteca, por exemplo, "há uma evidente dicotomia entre estrutura formal e disposição interna, pois as 'naves' não coincidem com os vários setores da planta tirando muito da força e lógica da solução adotada" (Mahfuz, 1989: 46). Essas e outras críticas foram rebatidas, seja desqualificando os comentaristas ou minimizando os problemas: no primeiro caso, Carlos Lemos, por exemplo, sai em defesa do projeto afirmando:

> Impensadamente, todos os críticos também se referem a um pretenso desejo do arquiteto em ignorar a área urbana envoltória, fazendo com que os edifícios do Memorial deem as costas às ruas circundantes. Não entenderam nada. O programa sempre pressupôs um grande espaço central para o qual estivessem voltados todos os edifícios e daí estarem eles de costas para a vizinhança. Elementar (Lemos, 1990: A3).

Já o custo e as proezas estruturais foram minimizadas pelo engenheiro José Carlos Sussekind, que, à testa de brilhante equipe da Promon Engenharia, foi capaz de resolver os complexos problemas envolvidos. Numa entrevista afirmou: "Acho que a facilidade relativa do meu trabalho pode ser entendida se a gente pensar que o processo construtivo é o mais primitivo possível: uma grande viga biapoiada resolvida pelo uso intensivo da protensão para evitar flechas" (Sussekind *apud* Schroeder, 1989: 51).

Os depoimentos e textos favoráveis ao projeto foram muito numerosos e, de uma maneira geral, enfatizam a força da comunicação, que os edifícios despertam no visitante. Um bom exemplo é este texto do crítico argentino Jorge Glusberg (1989: 52):

> Todos os elementos do conjunto são de concreto pintado de branco porque seu propósito é destacá-los na paisagem. Essa pureza aplicada a formas pessoais volta a particularizar as imagens de Niemeyer. Nada de detalhes menores, só extensas vigas, que, enormes, sustentam placas curvas pré-fabricadas, em uma arquitetura clara, direta, reduzida a dois ou três elementos que refletem o criador diferente e com uma expressão regional.

O diálogo entre controle disciplinar e a liberdade formal são para o professor de História e Arte, David Underwood, o traço característico da carreira de Oscar Niemeyer. O Memorial ilustraria seu esforço para interpretar a cultura latino-americana por meio de uma "estética dinâmica e escultural que é tão livre na sua forma quanto unificada em sua concepção e composição". Após descrever a obra e as condições políticas que a viabilizaram, Underwood (1994: 117) examina a questão da arte em Niemeyer, cuja finalidade seria criar uma utopia estética explicada pelo contraste entre dualidades opostas, encontradas na dura realidade do dia a dia da América Latina:

O Memorial é, dessa forma, um estudo de pares contrastantes mas inseparáveis: o branco e o preto; a feia cidade industrial e o belo conjunto utópico; o monumental e o socialmente responsável; o esquecimento e a recordação de coisas passadas (e presentes); o abstrato e o geral sobrepondo-se ao detalhado e ao específico; tristeza e alegria; ricos e pobres; retórica marxista e realidade capitalista; Brasil e América Latina. O que unifica esses pares é justamente seu *status* de par. O que confere unidade às formas livres dos pavilhões de Niemeyer e à diversidade dos povos latino-americanos é a experiência compartilhada ou ao menos a consciência dessa experiência de contrastes extremos. A opção de Niemeyer pela abstração, razão de seu sucesso nesse itinerário dialético, é o que faz seu trabalho se voltar para uma tal variedade de causas, interesses e múltiplos sentidos. A chave para sua compreensão está na vaga e incerta retórica visual do formalismo abstrato; não há aqui espaço para detalhes, apenas para formas puras e sensuais[60].

O Memorial da América Latina foi a última grande obra construída de Oscar Niemeyer em São Paulo, estando incluído nessa relação o edifício do Parlamento Latino-Ame-

60. Há uma tradução de Betina Bischof. Cf. *Oscar Niemeyer e o Modernismo de Formas Livres no Brasil*, São Paulo, Cosac & Naify, 2002.

ricano, projetado em 1991 e construído no meio da segunda praça. Sua forma cilíndrica, inteiramente fechada por uma cortina de concreto revestida por vidros negros, da qual sobressaem as vigas altas do anel central, difere dos demais edifícios do Memorial, mas aproxima-se do Teatro Estadual de Araras, projetado e construído simultaneamente entre 1990 e 1992. As formas cilíndricas puras já haviam sido utilizadas por Oscar Niemeyer, desde o Estúdio de Dança da Escola de Educação Física, anexa ao Estádio Nacional, em 1941. Esse repertório de formas cilíndricas vai aparecer, com variantes, ao longo de toda a obra do arquiteto. O Teatro de Araras, no interior do Estado de São Paulo, retoma o projeto para o Teatro de Vicenza (1978-1979) ou o teatro para a Fundação Luso Brasileira em Lisboa (1991) com a cobertura em lajes dentadas, como se fossem *sheds*, em semiarcos, que resolvem de forma muito eficiente a mecânica cênica (Valle, 2000).

As palavras finais são, necessariamente, do próprio arquiteto:

> Agora em São Paulo, no Memorial da América Latina, minha arquitetura segue de forma mais radical o avanço da técnica construtiva. Nada de detalhes menores, apenas vigas de 70 a 90 metros e as cascas curvas. São os grandes espaços livres que o tema estabe-

lecia. Uma obra cuja monumentalidade corresponde à grandeza dos seus objetivos. Aproximar os povos da América Latina tão oprimida e explorada. Poucos projetos de caráter social realizei e confesso que, ao fazê-lo, sempre me senti como que conivente com o objetivo demagógico e paternalista que representam: enganar a classe operária que reclama melhores salários e as mesmas oportunidades. Sempre recusei esse equívoco, essa ideia medíocre dos que insistem numa arquitetura "mais simples, mais ligada ao povo". Quando realizamos os CIEPS sentimos com satisfação como as crianças pobres gostavam de frequentá-los, como se isso lhes desse a esperança de que um dia poderiam usufruir o que até só aos mais ricos é permitido. Para mim essa ideia de simplicidade arquitetural é pura demagogia, discriminação inaceitável e, às vezes, uma timidez que só a falta de talento pode explicar. Por outro lado, a monumentalidade nunca me atemorizou quando um tema mais forte a justifica. Afinal, o que ficou da arquitetura foram as obras monumentais, as que marcaram o tempo e a evolução da técnica. As que, justas ou não, sob o ponto de vista social, ainda nos comovem. É a beleza a se impor na sensibilidade do homem (Niemeyer, 1998: 271)[61].

61. Este texto também está reproduzido, na íntegra, no livro de Eduardo Corona, *Oscar Niemeyer: Uma Lição de Arquitetura – Apontamentos de uma Aula que Perdura há 60 Anos*, São Paulo / Fundação para a Pesquisa Ambiental (Fupam), FAUUSP, 2001, p. 125.

RELAÇÃO DE PROJETOS / OBRAS DE OSCAR NIEMEYER EM SÃO PAULO

1938

1. RESIDÊNCIA OSWALD DE ANDRADE, São Paulo, SP (não executado).

1947

2. CENTRO TÉCNICO DA AERONÁUTICA, São José dos Campos, SP.
3. HOTEL CLUBE DOS 500, Rodovia Presidente Dutra, Guaratinguetá, SP.

1950

4. INDÚSTRIAS CARLOS DE BRITTO S./A.; FÁBRICA DE BISCOITOS DUCHEN, Rodovia Presidente Dutra, São Paulo, SP (demolida).
5. EDIFÍCIO DE APARTAMENTOS MONTREAL, São Paulo, SP.
6. EDIFÍCIO GALERIA CALIFÓRNIA, São Paulo, SP.

1951

7. CONJUNTO COPAN, São Paulo, SP.
8. PARQUE IBIRAPUERA – EDIFÍCIOS PARA A EXPOSIÇÃO DO IV CENTENÁRIO DE SÃO PAULO, São Paulo, SP.
   - MARQUISE
   - PAVILHÃO DA AGRICULTURA (DETRAN-MAC)

PAVILHÃO DAS ARTES (OCA)

AUDITÓRIO (1ª versão – não executado)

PAVILHÃO DS INDÚSTRIAS

PAVILHÃO DAS NAÇÕES

PAVILHÃO DOS ESTADOS

1952

9. POSTO DE SERVIÇO CLUBE DOS 500, Rodovia Presidente Dutra, Guaratinguetá, SP.
10. EDIFÍCIO SEGURADORAS (INSTITUTO DE RESSEGUROS DO BRASIL), São Paulo, SP.
11. EDIFÍCIO EIFFEL, São Paulo, SP.
12. HOSPITAL GASTROCLÍNICA (HOSPITAL SANTA LUÍZA, hoje HOSPITAL EDMUNDO VASCONCELOS), São Paulo, SP.
13. EDIFÍCIO TRIÂNGULO, São Paulo, SP.
14. EDIFÍCIO ITATIAIA, Campinas, SP.

1953

15. CENTRO TÉCNICO DA AERONÁUTICA (CTA) E CONJUNTO HABITACIONAL DO INSTITUTO TÉCNICO DE AERONÁUTICA (ITA), São José dos Campos, SP.
16. RESIDÊNCIA FRANCISCO PIGNATARI, São Paulo, SP (obras iniciadas, demolida).

DRIVE-IN / RESTAURANTE NA RODOVIA SÃO PAULO-PARANÁ (hoje Rodovia Raposo Tavares), São Paulo, SP (responsável Arq. Gauss Estelita).

17. RESIDÊNCIA SÉRGIO BUARQUE DE HOLANDA, São Paulo, SP (não executado).

18. RESIDÊNCIA FRANCISCO MATARAZZO SOBRINHO, São Paulo, SP (não executado).

19. PAÇO MUNICIPAL DE SÃO PAULO, São Paulo, SP (não executado).

1954

20. FÁBRICA ERICSSON, São José dos Campos, SP (não executado).

21. PARQUE IBIRAPUERA – AUDITÓRIO (2ª versão – não executado).

1972

22. CAMPUS DA UNIVERSIDADE MOURA LACERDA, Ribeirão Preto, SP (parcialmente executado).

23. URBANIZAÇÃO EM SANTO ANDRÉ, Santo André, SP (não executado).

1974

24. EDIFÍCIO PARA O BANCO SAFRA, São Paulo, SP (não executado).

1978

25. SEDE DA CESP – COMPANHIA ENERGÉTICA DE SÃO PAULO, São Paulo, SP (1º projeto – não executado).

1981

26. SEDE DA CESP – COMPANHIA ENERGÉTICA DE SÃO PAULO, São Paulo, SP (2º projeto – não executado).

1984

27. SEDE DA CESP – COMPANHIA ENERGÉTICA DE SÃO PAULO, São Paulo, SP (3º projeto – não executado).

ADMINISTRAÇÃO SUPERIOR

AUDITÓRIO

PRAÇA

EDIFÍCIO ADMINISTRATIVO

TORRE

CENTRO DE OPERAÇÃO DO SISTEMA (COS)

Nota: O projeto executivo do COS foi desenvolvido a nível executivo em 1985, mas não chegou a ser executado.

1985

28. RESIDÊNCIA MARCO ANTONIO AMARAL REZENDE, Ilha Bela, SP.

1986

29. URBANIZAÇÃO DO PARQUE TIETÊ, São Paulo, SP (não executado).

1987

30. MEMORIAL DA AMÉRICA LATINA, São Paulo, SP.

ADMINISTRAÇÃO

AUDITÓRIO

BIBLIOTECA

PASSARELA / ESCULTURA

PAVILHÃO DA CRIATIVIDADE

RECEPÇÃO

RESTAURANTE

SALÃO DE ATOS

1988

31. MEMORIAL ZUMBI DOS PALMARES, São Paulo, SP (não executado).

1989

32. ESTADIO POLIVALENTE, Barretos, SP (não executado).
33. PARQUE IBIRAPUERA, AUDITÓRIO para a FUNDAÇÃO RUBINSTEIN, São Paulo, SP (3ª versão – não executado).

1990

34. CENTRO CULTURAL, Osasco, SP (não executado).
35. POLO DE CULTURA E ARTE POPULAR DE SÃO PAULO, São Paulo, SP (não executado).
36. RESIDÊNCIA ORESTES QUERCIA, Pedregulho, SP.
37. TEATRO ESTADUAL de Araras, SP.

1991

38. MEMORIAL JÂNIO QUADROS, São Paulo, SP (não executado).
39. MEMORIAL DA AMÉRICA LATINA – EDIFÍCIO DO PARLAMENTO LATINO-AMERICANO, São Paulo, SP (não executado).

1993

40. PARQUE IBIRAPUERA – AUDITÓRIO ANEXO AO PAVILHÃO DA BIENAL, São Paulo, SP (não executado).

1996

41. PARQUE IBIRAPUERA – AUDITÓRIO, São Paulo, SP (4ª versão – não executado).

1997

42. PAÇO MUNICIPAL DE AMERICANA, Americana, SP (não executado).
43. EDIFÍCIO TECNET – TECNOLOGIA, São Paulo, SP (não executado).

1998

44. MEMORIAL E PALÁCIO LEGISLATIVO ULYSSES GUIMARÃES, Rio Claro, SP (não executado).
45. ESCOLA DE MÚSICA GUIOMAR NOVAES, São João da Boa Vista, SP (não executado).

1999

46. PARQUE IBIRAPUERA, AUDITÓRIO, São Paulo, SP (5ª versão – não executado).

47. MONUMENTO COMEMORATIVO AOS 500 ANOS DO DESCOBRIMENTO DO BRASIL, São Vicente, SP (não executado).

2000

48. PARQUE IBIRAPUERA – AUDITÓRIO, São Paulo, SP (6ª, 7ª, 8ª e 9ª versões – não executado).

49. MEMORIAL CASSIANO RICARDO, São José dos Campos, SP (não executado).

2001

50. CENTRO DE MEMÓRIA DOI-CODI, São Paulo, SP (não executado).

2002

51. MEMORIAL PORTINARI, Brodowski, SP (não executado).

52. CENTRO DE CONVENÇÕES, Ribeirão Preto, SP (não executado).

53. FACULDADE DE DIREITO, São Bernardo do Campo, SP (não executado).

54. RESIDÊNCIA AMILCARE D'ALLEVO JR, São Paulo, SP.

55. PARQUE IBIRAPUERA, AUDITÓRIO (10ª, 11ª versões), São Paulo, SP (não executado).

56. PARQUE IBIRAPUERA, AUDITÓRIO, São Paulo, SP (12ª versão – não executado).

2003

57. FORUM DA COMARCA DE GUARULHOS, SP (não executado).

58. FAZENDA MONTE ALEGRE, São José dos Campos, SP (não executado).

2005

59. PARQUE RECREATIVO DE SANTOS, Santos, SP (não executado).

2007

60. MUSEU DE ARTE CONTEMPORÂNEA DA USP – MAC (Reforma do antigo Pavilhão da Agricultura no Parque Ibirapuera), São Paulo, SP (em projeto).

BIBLIOGRAFIA

BÁRBARA, Fernanda. *Duas Tipologias Habitacionais: O Conjunto Ana Rosa e o Copan. Contexto e Análise de Dois Projetos Realizados em São Paulo na Década de 1950*. São Paulo, FAUUSP, 2004. Dissertação de Mestrado.

BARNABÉ, Paulo Marcos Mottos. *A Poética da Luz Natural na Obra de Oscar Niemeyer*. São Paulo, FAUUSP, 2000. Dissertação de Mestrado.

Bastos, Maria Alice Junqueira. *Pós-Brasilia, Rumos da Arquitetura Brasileira*. São Paulo, Perspectiva/Fapesp, 2003.

Botey, Josep Maria. *Oscar Niemeyer*. Barcelona, Gustavo Gili, 1996.

Bill, Max. "O Arquiteto, a Arquitetura, a Sociedade". *Habitat* n. 14. São Paulo, 1954.

Bonduki, Nabil. *Origens da Habitação Social no Brasil, Arquitetura Moderna, Lei do Inquilinato e Difusão da Casa Própria*. São Paulo, Estação Liberdade/Fapesp, 1998.

Bruand, Yves. *Arquitetura Contemporânea no Brasil*. São Paulo, Perspectiva, 1981.

Camargo, Mônica Junqueira de. "Sobre o Projeto de Oscar Niemeyer para o Entorno do Teatro no Parque Ibirapuera". *Minha Cidade* n. 125. São Paulo, 15 de fevereiro de 2007. Disponível em: www.vitruvius.com. Acesso em: janeiro de 2007.

Cardim Filho, Carlos Alberto Gomes. "O Paço Municipal de São Paulo [com um longo artigo do arquiteto e professor da fauusp Carlos Alberto Gomes Cardim Filho]". *Acrópole* n. 179. São Paulo, 1953.

"Criticada a Arquitetura Brasileira. Rica Demais – Dizem". *Módulo* n. 1. Rio de Janeiro, março de 1955.

Cypriano, Fábio. "O Novo mac. Projeto de Niemeyer para o Prédio do Detran Prevê Rampa Externa e a Destruição de Dois Andares". *Folha de S. Paulo*, 4 de junho de 2007.

Comas, Carlos Eduardo Dias. "Nemours-sur-Tietê, ou a Modernidade de Ontem" (Ensaio & Pesquisa). *Projeto* n. 89. São Paulo, 1993.

Matos, Odilon Nogueira de. "São Paulo no Século xix, vol. ii – A Evolução Urbana". *A Cidade de São Paulo, Estudos de Geografia Urbana*. São Paulo, Companhia Editora Nacional, 1958.

"Edifício Triângulo – A Cidade Levanta Seus Cimos ao Céu". *Habitat*. São Paulo, 1953.

Galeano, Eduardo. *As Veias Abertas da América Latina*. Rio de Janeiro, Paz e Terra, 1970.

Giedion, Sigfried. *CIAM A Decade of New Architecture*. Zurich, Girsberger, 1954.

Glusberg, Jorge. "Um Símbolo da Região". *AU* n. 24. São Paulo, junho/julho de 1989.

Hall, Michael. "Imigrantes na Cidade de São Paulo" (capítulo 4). *História da Cidade de São Paulo, A Cidade na Primeira Metade do Século XX*. São Paulo, Paz e Terra, 2004, vol. 3.

Haan, Hilde. *JO COENEN – From Urban Design to Architectural Detail (with Contributions by Umberto Barbieri, Neave Brown, Otto Mayer and Luigi Snozzi)*. Basel, Birkhäuser, 2005.

Hess, Alan. *Oscar Niemeyer Houses*. New York, Rizzoli, 2006.

L'architecture D'aujourd'hui n. 42-43. Boulogne-sur-Seine, agosto de 1952.

Kujawski, Gilberto de Mello. "Niemeyer Flutua na Luz". *O Estado de S. Paulo*, 27 de agosto de 1998.

Leal, Daniela Viana. *Oscar Niemeyer e o Mercado Imobiliário de S. Paulo na Década de 1950*. Campinas, Departamento de História do Instituto de Filosofia e Ciências Humanas da Universidade Estadual de Campinas, 2003. Dissertação de Mestrado.

Lemos, Carlos. "Oscar e o Memorial". *Folha de S. Paulo*, 4 de junho de 1990, p. A3.

Lemos, Carlos. *Viagem pela Carne*. São Paulo, Edusp, 2005.

Mahfuz, Edson. "Do Minimalismo e da Dispersão como Método Projetual". *AU – Arquitetura e Urbanismo* n. 24. São Paulo, junho/julho de 1989.

Mahfuz, Edson. "O Clássico, o Poético e o Erótico". *AU – Arquitetura e Urbanismo* n. 15. São Paulo, dezembro de 1987/janeiro de 1988.

Martins, Antônio Egídio. *São Paulo Antigo (1954-1910)*. Rio de Janeiro, Livraria F. Alves, 1911-1912.

Meyer, Regina Maria Prosperi. *Metrópole e Urbanismo – São Paulo Anos 50*. São Paulo, FAUUSP, 1991. Tese de Doutorado.

Mindlin, Henrique E. "Hotel Pan América, na Praia Vermelha. Rio de Janeiro". *Architectural Forum*, New York, novembro de 1947.

Módulo n. 1. Rio de Janeiro, março de 1955.

Monbeig, Pierre. "Aspectos Geográficos do Crescimento de São Paulo". *O Estado de S. Paulo*, número especial, 25 de janeiro de 1954. In: *Boletim Paulista de Geografia* n. 16. São Paulo, março de 1954.

Müller, Nicia Lecocq. "A Área Central da Cidade". *A Cidade de São Paulo, Estudos de Geografia Urbana. Volume III: Aspectos da Metrópole Paulista*. São Paulo, Companhia Editora Nacional, 1958.

Niemeyer, Oscar. *As Curvas do Tempo – Memórias*. Rio de Janeiro, Revan, 1998.

______. "Considerações sobre a Arquitetura Brasileira". *Módulo* n. 7. Rio de Janeiro, 1957.

______. "Depoimento". *Módulo* n. 9. Rio de Janeiro, fevereiro de 1958.

______."Edifício Triângulo". *Acrópole* n. 202. São Paulo, 1955.

______. *Minha Arquitetura*. Rio de Janeiro, Revan, 2000.

______. *Minha Arquitetura, 1937-2005*. Rio de Janeiro, Revan, 2005.

______. *Quase Memórias: Viagens, Tempos de Entusiasmo e Revolta, 1961-66*. Rio de Janeiro, Civilização Brasileira, 1966.

"O Problema Social na Arquitetura". *AD-Arquitetura e Decoração* n. 12. São Paulo, julho/agosto de 1955.

PAPADAKI, Stamo. *Oscar Niemeyer: Works in Progress*. New York, Reinhold Publishing Corp., 1956.

PETRONE, Pasquale. "São Paulo no Século XX". *A Cidade de São Paulo. Estudos de Geografia Urbana*. São Paulo, Companhia Editora Nacional, 1958.

SABBAG, Haifa Y. "Modernidade em São Paulo, Renovação do Edifício Copan". *AU Arquitetura e Urbanismo* n. 95. São Paulo, abril/maio de 2001.

SAES, Flávio. *História da Cidade de São Paulo, A Cidade na Primeira Metade do Século XX – 1890-1954*. São Paulo, Paz e Terra, 2004, vol. 3.

SALMONI, Anita & DEBENEDETTI, Emma. *Arquitetura Italiana em São Paulo*. São Paulo, Perspectiva, 1981.

SAMPAIO, Celso Aparecido. *A Arquitetura do CTA e o Projeto de Niemeyer*. São Carlos, Departamento de Arquitetura da Escola de Engenharia – USP, 2000. Dissertação de Mestrado.

SCHARLACH, Cecília (org.). *Oscar Niemeyer – A Marquise e o Projeto Original do Parque Ibirapuera*. São Paulo, Imprensa Oficial do Estado, 2006.

SCHROEDER, Renato. "Desafio é Cantoria..." (Entrevista do engenheiro José Carlos Sussekind). *AU* n. 24. São Paulo, junho/julho de 1989.

SEGAWA, Hugo. *Arquiteturas no Brasil, 1900-1990*. São Paulo, Edusp, 1998.

SERAPIÃO, Fernando. "À Espera do Último Ato". *Projeto-Design* n. 309. São Paulo, novembro de 2005.

SOUZA, Maria Adélia Aparecida de. *Identidade da Metrópole. A Verticalização em São Paulo*. São Paulo, Hucitec/Edusp, 1994.

TASCHNER, Suzana Pasternak. "Política Habitacional no Brasil: Retrospectiva e Perspectivas". *Cadernos de Pesquisa do LAP – Revista de Estudos sobre Urbanismo, Arquitetura e Preservação*, n. 21. São Paulo, FAUUSP, setembro/outubro de 1997.

TEPERMAN, Sérgio. "O Memorial da Memória". *AU – Arquitetura e Urbanismo*, n. 24. São Paulo, junho/julho de 1989.

TOLEDO, Benedito Lima de. *Anhangabaú*. São Paulo, Fiesp, 1989.

TOLEDO, Benedito Lima de. *Prestes Maia e as Origens do Urbanismo Moderno em São Paulo*. São Paulo, Empresa das Artes Projetos e Edições Artísticas, 1996.

TOGNON, Marcos. *Arquitetura Italiana no Brasil – A Obra de Marcello Piacentini (História, Catálogo, Documentos)*. Campinas, Editora da Unicamp, 1999.

TSUKUMO, Nina Maria (org.). *Arquitetura na CESP*. São Paulo, Companhia Energética de São Paulo, 1994.

UNDERWOOD, David. *Oscar Niemeyer and Brazilian Free – Form Modernism*. New York, George Braziller, 1994.

VALLE, Marco Antonio Alves do. *Desenvolvimento da Forma e Procedimentos de Projeto na Arquitetura de Oscar Niemeyer (1935-1998)*. São Paulo, FAUUSP, 2000. Tese de Doutorado.

WOLF, José. "Entrevista a Darcy Ribeiro". *AU – Arquitetura e Urbanismo,* n. 24. São Paulo, junho/julho de 1989.

ZEIN, Ruth Verde. "Descubra os Sete Erros". *Projeto* n. 120. São Paulo, abril de 1989.

ENTRE DOIS PAVILHÕES: A REPERCUSSÃO INTERNACIONAL DE OSCAR NIEMEYER*

Hugo Segawa

Cultiva-se a fleuma britânica como uma tradição que remonta mais ao mito que à realidade. Nem por isso é possível ficar indiferente à reação dos ingleses quando Oscar Niemeyer projetou o pavilhão da Serpentine Gallery, inaugurado no verão de 2003, nos gramados do Hyde Park em Londres (Fig. 1).

A Serpentine é uma galeria *fashion* de arte moderna e contemporânea instalada em Kensington Gardens, em um prédio de tijolos aparentes. Contrastante edifício se posto ao lado da proposta iniciada em 2000 para a construção, anualmente, de um pavilhão temporário da galeria, para chamar a atenção e popularizar a arquitetura contemporânea, convidando-se um

* Este ensaio foi escrito em 2007 e mantido em sua feição original, exceto em tempos verbais, com o falecimento de Niemeyer. Na ocasião, não foi possível consultar o livro de George A. Dudley, *A Workshop for Peace* (New York, The Architectural History Foundation; Cambridge, The MIT Press, 1994), minucioso registro do desenvolvimento do projeto da sede das Nações Unidas (ONU). Consulta a esta obra não altera substancialmente a parte relativa ao projeto da ONU do presente texto.

arquiteto de renome. Decerto um pequeno pavilhão temporário não é razão para grande alarde no mundo da arquitetura. Todavia, a carga midiática desse evento é oportuna para perceber as nuanças da cena arquitetônica atual. O pavilhão inaugural da série foi projetado pela iraquiana-britânica Zaha Hadid – sua primeira obra no Reino Unido, antes de ganhar o Prêmio da União Europeia Mies van der Rohe em 2003 e o Pritzker Prize em 2004. No verão de 2001, o pavilhão foi de autoria do polonês-americano Daniel Libeskind – celebrado pelo Museu Judaico de Berlim, aberto naquele mesmo ano – antes de se notabilizar por ganhar o concurso (malogrado) do Ground Zero de Nova York. Em 2002, a Serpentine Gallery convidou o japonês Toyo Ito, que, com seu pavilhão, concluía sua primeira obra britânica.

O "arquiteto certo na hora certa", anotava o jornal londrino *The Observer* sobre as escolhas da galeria, em seu artigo dedicado ao pavilhão do ano. A chamada da matéria: "O Velho Menino do Brasil. Para o seu Pavilhão Anual, a Serpentine Trocou a Juventude por um Mestre do Passado" (Sudjic, 2003)[1]. Era mais um arquiteto que inaugurava sua primeira obra na terra de Elizabeth II. Para a surpresa da jovem clien-

1. Todas as traduções dos textos em inglês ou francês no original são de responsabilidade do autor.

tela da galeria, tratava-se de um artista nonagenário. Foi o deleite para a imprensa londrina. No *Evening Standard*, o título da notícia já continha um jogo de palavras: "New Wave at the Serpentine". Comentava:

> Imagine um novo filme de Hitchcock estreando semana que vem, ou se Stanley Matthews [*jogador de futebol, um Garrincha inglês*], milagrosamente preservado da mortalidade, estivesse cintilando no campo toda semana. Imagine Garbo ou Sinatra, no auge, apresentando-se agora. Nesta semana, com a inauguração do Pavilhão de 2003 da Serpentine Gallery, este milagroso lapso do tempo está acontecendo. Ele foi projetado pelo brasileiro de 95 anos, Oscar Niemeyer, a Garbo ou o Sinatra da arquitetura moderna. Ele ocupa relativamente uma posição baixa no panteão frente a grandíssimos nomes como Le Corbusier e Mies van der Rohe, mas sua condição de estrela é inquestionável. Ele trouxe verve e curvas para a arquitetura moderna no tempo em que a norma eram as eficientes caixas da Bauhaus (Moore, 2003).

VOLTA POR CIMA

Ao longo da carreira, Oscar Niemeyer recebeu um sem-número de reconhecimentos internacionais. É possível estabelecer um divisor qualitativo entre as homenagens, sobretudo

FIGURA 1: Croqui de Oscar Niemeyer para o Serpentine Pavilion. Fonte: Folheto da exposição *Oscar Niemeyer 10|100*].

as recebidas a partir dos anos 1990, sob outros olhares, entre elogios e agravos. Basta lembrar que em 1988 – no entardecer da onda pós-moderna –, quando, pela única e última vez o Pritzker Prize foi dividido entre duas personalidades, Niemeyer e Gordon Bunschaft (projetista do escritório norte-americano Skidmore, Owings & Merrill, autor da Lever House em Nova York), a revista *Time* saudou-os como "impenitentes velhos modernos": "ambos [...] profundamente fora de moda na maior parte dos anos 1970 e 1980, durante a era de feroz reação antimoderna" (Andersen, 1998).

A extinta revista norte-americana *Progressive Architecture* comentou a premiação com o editorial "Honors to the Old Guard" (1998). No início do terceiro milênio, a longevidade assegurou o desagravo: "ele viveu bastante para voltar à cena principal de novo", escrevia *The Observer*. Relatando, entre outras coisas: "a sede do Partido Comunista Francês, que ele construiu num engajado subúrbio parisiense, hoje parece tão chique que ele foi locado pelos seus pouco abonados proprietários para um desfile da Prada" (Sudjic, 2003). O *Evening Standard* foi mais preciso:

> Ele também viveu o bastante para voltar a ser *fashion*. Há poucos anos as curvas sensuais de seus desenhos foram redescobertas pela geração *Wallpaper* [*badalada revista inglesa de design, interiores, moda*

> *e viagens*], e inspiram projetos de forma livre de Zaha Hadid e Future Systems. Mesmo os edifícios de Norman Foster estão agora influenciados pela batida de samba de Niemeyer (Moore, 2003).

A referência a Foster, em 2003, foi premonitória. No início de 2007, o mesmo *Evening Standard* ("New Wembley Resembles 1941 Plan for Brazil Stadium", 2007) noticiou uma polêmica semelhança entre o novo estádio de Wembley (o templo do futebol inglês) de Sir Norman Foster, e a proposta de Oscar Niemeyer de 1941 para o concurso do Estádio do Maracanã, ambos utilizando um grande arco para sustentar a cobertura parcial das arquibancadas. Arco que Niemeyer foi se inspirar no projeto do Palácio dos Sovietes de Le Corbusier.

Também é recorrente uma conjectura que acompanha o arquiteto em toda sua carreira. Mesmo em 2003, anotava *The Observer*: "apesar da impecável credencial pelo movimento moderno, houve sempre certa desconfiança sobre o trabalho de Niemeyer quando ele era jovem. Era visto como de algum modo demasiado espontâneo e fácil" (Sudjic, 2003).

O JOVEM NIEMEYER

Temos hoje à disposição um bom número de trabalhos dedicados à repercussão da arquitetura moderna brasileira no mundo, como os livros de Nelci Tinem[2], Zilah Quezado Deckker[3], Ana Vaz Milheiro[4], e ensaios publicados nas edições especiais da revista argentina *Block*[5] de 1999, do *Docomomo Journal*[6] de 2006 e nos anais da VI International Docomomo Conference[7], realizada em Brasília em 2000. A tese de Maria Beatriz Camargo Cappello examina a repercussão brasileira em revistas francesas, inglesas e italianas[8]. Fernando Lara, em artigo em mídia eletrônica, revela uma visão minuciosa e estatística sobre o tema[9]. Eu mesmo escrevi a respeito (Se-

2. Nelci Tinem, *O Alvo do Olhar Estrangeiro: O Brasil na Historiografia da Arquitetura Moderna,* 2. ed., João Pessoa, Editora Universitária UFPB, 2006.
3. Zilah Quezado Deckker, *Brazil Built: The Architecture of the Modern Movement in Brazil*, London, Spon Press, 2001.
4. Ana Vaz Milheiro, *A Construção do Brasil: Relações com a Cultura Arquitectónica Portuguesa*, Porto, Faculdade de Arquitetura da Universidade do Porto, 2005.
5. "Brasil", *Block* n. 4, edição especial, Buenos Aires, dezembro de 1999.
6. "France-Brazil Round Trip", *Docomomo Journal* n. 34, edição especial, Paris, março de 2006.
7. "Conference Proceedings", *Docomomo International Conference*, 6. Brasília, 2000; Salvador, Universidade Federal da Bahia; Brasília, Universidade de Brasília, 2004.
8. Maria Beatriz Camargo Cappello, *Arquitetura em Revista: Arquitetura Moderna no Brasil e sua Recepção nas Revistas Francesas, Inglesas e Italianas*, São Paulo, FAUUSP, 2005. Tese de Doutorado.
9. Fernando Lara, "Espelho de Fora: a Arquitetura Brasileira Vista do Exterior", *Vitruvius*, São Paulo, setembro 2000. Seção Arquitextos. Texto especial 012. Disponível em: <http://www.vitruvius.com.br/arquitextos/arq000/esp012.asp>. Acesso em: 20 de abril de 2007.

gawa, 1998: 92-111), bem como a literatura recente começa a estabelecer a arquitetura brasileira como um referencial de projeto, como o sucedido na cidade-nova de Royan, na França ("L'Invention d'une ville: Royan Années 50", 2003).

Oscar Niemeyer foi figura de proa em toda essa literatura internacional. Mas em que circunstância ele despontou à frente do conjunto da produção brasileira? No imediato pós-Segunda Guerra? A primeira aparição internacional de Niemeyer sucedeu em 1939 com o pavilhão do Brasil na Feira Internacional de Nova York, projeto em coautoria com Lucio Costa. Foi um recém-formado Niemeyer, com 29 anos incompletos, que ganhou prestígio com a repercussão internacional do projeto do Ministério da Educação e Saúde. Esta obra se tornou credencial obrigatória no seu currículo, propagado no exterior no início dos anos 1940. A curiosidade internacional sobre Niemeyer floresceu e se consolidou entre a exposição *Brazil Builds*, no Museum of Modern Art de Nova York (MoMA) em janeiro de 1943, e a edição da primeira monografia sobre o arquiteto, *The Work of Oscar Niemeyer*, de Stamo Papadaki, de 1950[10] – que apresentou um primeiro panorama sistematizado da sua obra. A fama estrangeira do jovem Niemeyer entre 1939 – com o pavilhão de Nova York

10. Stamo Papadaki, *The Work of Oscar Niemeyer*, New York, Reinhold, 1950.

– e 1950 – com o livro de Papadaki – correu basicamente por conta da publicação em periódicos. Essa atenção da imprensa especializada foi parcialmente responsável pela condução de Niemeyer ao seu primeiro encargo internacional: a participação na equipe de projeto da sede das Nações Unidas em Nova York, em 1947.

COLABORAÇÃO PÓS-ARMISTÍCIO

A Organização das Nações Unidas (ONU) foi criada em outubro de 1945 como um organismo de cooperação internacional, no rescaldo do término da Segunda Guerra Mundial. Foi em dezembro de 1945 que o Congresso dos Estados Unidos formalizou a proposta de abrigar a sede da ONU em seu território e, em fevereiro de 1946, uma comissão iniciava os estudos sobre a localização e características do edifício, estando no grupo Le Corbusier como o representante da França. Seu livro *UN Headquarters: Practical Application of a Philosophy of the Domain of Building*[11] é um relato parcial das idas e vindas sobre os estudos iniciais do projeto, compilação das análises que ele apresentou em junho de 1946 e seu parecer sobre a definição de uma área de dezessete acres na Ilha de Manhattan, às mar-

11. Le Corbusier, *UN Headquarters...*, New York, Reinhold, 1947.

gens do East River em Nova York. Foi uma controversa doação de terreno de John D. Rockefeller Jr. e da cidade de Nova York, que foi aceita na Assembleia Geral de 14 de dezembro de 1946 ("The Search for the 'Capital of the World'", 2007).

O arquiteto norte-americano Wallace K. Harrison foi designado diretor de planejamento do novo conjunto. Seguramente essa indicação decorreu da conhecida proximidade deste profissional com os Rockefeller. Numa clara demonstração da ascendência dessa família sobre os rumos da nova sede, o escritório de projeto da sede da ONU foi instalado no Rockefeller Center. As Nações Unidas optaram por não convocar um concurso público de arquitetura para a sua sede (como foi feito com sua "antecedente", a Sociedade das Nações em Genebra, em 1927), decidindo que ela deveria resultar da colaboração de arquitetos de diversos países – em sintonia com o espírito de armistício do pós-guerra. Compôs-se uma comissão consultora com dez arquitetos "nomeados pelos governos" dos países. Ainda não foi possível apurar os critérios dessa escolha, tampouco como cada país selecionou seu arquiteto – ou mesmo se as indicações foram feitas pelos próprios países. A dúvida: como Oscar Niemeyer foi designado para a comissão? A versão de Zilah Quezado Deckker afirma que a escolha foi de Harrison: ambos se conheceram na Feira Internacional de Nova York em 1939 – o norte-americano projetou o Perisphere e o Trylon no recinto da Feira. Harrison, como consultor de Nelson Rockefeller, coordenador-assistente da Agência de Assuntos Interamericanos e bem relacionado com a família Rockefeller (organicamente ligada ao MoMA, que há pouco organizara a mostra *Brazil Builds*), tinha óbvia familiaridade com a obra de Niemeyer (Deckker, 2001: 173). Em sua autobiografia de 1968, Niemeyer (1968: 105) explicitamente afirma que foi convidado por Harrison. O previsível seria que Niemeyer tivesse sido indicado pelo governo brasileiro. Natural escolha, sobretudo considerando os antecedentes das relações deste com o arquiteto. Mas, naquele preciso instante, o contexto não lhe era favorável. Ele recorda este episódio em seu livro *Quase Memórias*:

> Um dia, Harrison apareceu no escritório com a revista *Times* [*sic*] que publicava meu retrato vendendo, no Rio, o jornal do Partido Comunista, *Imprensa Popular* [*sic*][12]. Simpáticos, todos cercaram--me logo com perguntas. Apenas o russo se manteve distante, dizendo-me depois: "Está errado. O PC deve se preocupar apenas

12. Niemeyer confundiu os títulos dos jornais. A *Imprensa Popular* foi o jornal que sucedeu à *Tribuna Popular* como órgão de imprensa do então proscrito Partido Comunista a partir de 1953.

em tê-lo influente na profissão e não vendendo jornais na rua" (Niemeyer, 1968: 10).

A matéria publicada na revista *Time* de 5 de maio de 1947 corrobora as notas autobiográficas de Niemeyer, noticiando o boicote governamental ao arquiteto:

> Extremista, o arquiteto Niemeyer é um comunista e ele demonstra diligentemente ser um comunista. Durante as eleições no inverno passado ele vendeu o jornal comunista *Tribuna Popular* nas ruas do Rio. Isto não o ajudou a levantar sua imagem perante o conservador presidente Eurico Gaspar Dutra. Reporta-se que na semana passada Dutra cancelou o contrato do projeto que Niemeyer ganhou em concurso para um grande centro aeronáutico próximo de São Paulo – uma cidade aérea com hangares, oficinas, hospital, estádio, escolas e unidades habitacionais para 4 000 moradores [*refere-se ao Centro Técnico de Aeronáutica, em São José dos Campos*]. Mas nenhuma batalha no Brasil está decidida até o último *round*. Os colegas de Niemeyer e arquitetos estrangeiros estão pressionando Dutra para reverter a decisão ("On Stilts", 1947).

Não obstante o respaldo intelectual e artístico que Niemeyer ostentava, o ambiente político era pouco favorável ao arquiteto. Em janeiro de 1948, o Departamento do Estado

FIGURA 2: Reunião da equipe de projeto da sede da ONU, 1947. Fonte: *Architectural Forum*, junho de 1947.

norte-americano recusou o visto de entrada para Niemeyer proferir conferências na Universidade de Yale, apesar de alguns meses antes ele ter concluído sua participação na equipe de projeto da sede da ONU ("Gentleman, Very Timid", 1948).

O *JET SET* DA ARQUITETURA PÓS-GUERRA: NIEMEYER E LE CORBUSIER

Na cobertura da revista *Time*, as matérias sempre se referem aos *ten top architects*. Os anais da arquitetura pouco se recordam da maioria deles, senão como membros da equipe de projeto. Invariavelmente, *Time* elegia duas estrelas:

> No alto no Rockefeller Center em Manhattan, dez dos mais importantes arquitetos do mundo, reunidos semana passada numa sala de conferência de paredes cinza, ocupados com argila e pranchetas. Eles estavam lá para o projetar uma sede para as Nações Unidas. O mais jovem deles, um brasileiro de 39 anos chamado Oscar Niemeyer, não tem motivo para se desculpar de sua juventude, porque ele tem experiência para além de sua idade. Enquanto a guerra imobilizava a maioria dos arquitetos no mundo, Niemeyer e o Brasil estavam construindo ("On Stilts", 1947).

Quase todos os demais membros da comissão eram nascidos no final do século XIX (Fig. 2): o canadense Ernest Cormier (1885-1972), o franco-suíço Le Corbusier (1887-1965), o britânico Howard Robinson (1888-1963), o sueco Sven Markelius (1889-1972), o uruguaio Julio Vilamajó (1894-1948), Wallace Harrison (1895-1981), o chinês Liang Ssu-Ch'eng (1901-1972), além de Nikolai D. Bassov (soviético), Gaston Brunfant (belga) e G. A. Soilleux (australiano), dos quais pouco se sabe.

A matéria da *Time* de 5 de maio de 1947 dedicava vários parágrafos a Niemeyer. Era um termômetro de seu prestígio:

> O Brasil tropical enfrenta problemas arquitetônicos especiais. A luz do sol é ofuscante, o ar úmido e quente. Para circunscrever essa conjunção de elementos, Niemeyer, como outros jovens colegas, primeiro experimentaram com sacadas e grandes janelas. Então, em 1936, um novo vento soprou na arquitetura brasileira. O famoso arquiteto francês Le Corbusier veio com suas colunas de concreto e o *brise-soleil*. Niemeyer se aproximou ao modernismo de Le Corbusier tão prontamente como uma geração anterior de brasileiros se apropriou dos estilos Belas Artes do Segundo Império. Mais notavelmente, ele ajudou a projetar a nova sede para o Ministério da Educação e Saúde. O resultado, que se parece algo como uma colmeia sobre estacas, é frequentemente descrito pelos arquitetos contemporâneos como um dos mais belos edifícios públicos no mundo.

> Desde então, Niemeyer se consolidou no coração de seus conterrâneos. Em Pampulha, ele projetou um grupo de estruturas curvilíneas com panos de vidro (*yacht club*, cassino, restaurante). Lá ele também construiu uma igreja à Nissen-hut[13] tão estranha na forma que o arcebispo católico se recusou a consagrá-la ("On Stilts", 1947).

E a *Time* conclui a matéria, após descrever o flagrante de Niemeyer vendendo o comunista *Tribuna Popular*:

> Em Nova York, longe da querela, o extrovertido e amigável Niemeyer não vai falar de política. Com o velho professor Le Corbusier (também ocupado com o plano das Nações Unidas), ele prefere olhar espantado a confusa massa de alvenaria de Manhattan como um foguista visitante. A opinião de Niemeyer sobre o Rockefeller Center – "bom"; sobre o grande projeto Peter Cooper Village and Stuyvesant Town para 11 250 famílias da Metropolitan Life Insurance Co. – "comercial, abarrotado de gente, todo tijolo e sem vidro" ("On Stilts", 1947).

13. Estrutura pré-fabricada em chapas de aço corrugado em forma de arco em semicírculo, inventada durante a Primeira Guerra Mundial pelo engenheiro canadense Peter Nissen. Foi utilizada também durante a Segunda Guerra como abrigo na frente de batalha.

As três matérias do semanário *Time* publicadas entre 1947 e 1949, relacionadas à sede das Nações Unidas, mencionam apenas Le Corbusier e Oscar Niemeyer, além de, obviamente, Wallace Harrison. A segunda delas reportava-se às duras críticas que o primeiro esboço divulgado recebeu, no final de maio de 1947:

> Por quatro meses, dez dos mais conceituados arquitetos do mundo estiveram juntos numa sala de desenho do Rockefeller Center, manejando blocos, esboçando, e se discordando em meia dúzia de idiomas. Suas próprias pequenas disputas era apenas o começo. Semana passada, a publicação dos planos para o arranha-céu da sede das Nações Unidas evidenciou uma contenda mais ruidosa.
>
> Todas as críticas se reportaram a um genérico esboço, não obstante oficial, e de alguma maneira glamorizada na interpretação da revista *Life*. Mas foi o suficiente para eriçar o penacho dos arquitetos conservadores. Disse o presidente da Manhattan's Municipal Art Society, o arquiteto Charles C. Platt: "Para mim parecem-me simples placas viradas para cima e placas deitadas, sem nenhuma unidade compositiva...um sonho diabólico..." Clamou Perry Coke Smith, do American Institute of Architects: "parece um sanduíche na borda e um par de veículos de carga... Não consigo ver como um edifício de escritórios tão

estreito pode ser eficientemente realizado". O engenheiro Max Foley, presidente do New York Building Congress, foi um pouco mais cordial: "Deve haver algo nessa coisa infeliz", disse ele, "que eu não entendo".

Frank Lloyd Wright, o excêntrico decano dos arquitetos norte-americanos, não é conservador, mas ele também tinha uma objeção: o projeto sofria de "mal do arranha-céu... um sinistro emblema para a força do mundo... cubram de grama o chão", ordenou Wright, "onde seria erguido o arranha-céu proposto para as Nações Unidas".

O homem que comanda a equipe de projeto, Wallace Kirkman Harrison, aguardava críticas; o Rockefeller Center, o qual Harrison ajudou a projetar, agora uma muita admirada parte da recortada paisagem de Manhattan, provocou violentos protestos em 1931. Na equipe de Harrison há uma unanimidade fundamental: todos seus dez membros compartilham do funcionalismo estrito. Entre eles: o brilhante jovem (39) brasileiro Oscar Niemeyer, o francês Le Corbusier (nome real, Charles Édouard [*sic*] Jeanneret), quem inventou a frase favorita do funcionalismo quando descreveu as casas modernas como "máquinas de morar".

O plano assentido pelos dez aponta para uma vasta "máquina de trabalhar" (Fig. 3). A estrutura consistiria de dois arranha-céus de escritórios, com 45 e 30 andares, e dois blocos horizontais de

FIGURA 3: Proposta da equipe de projeto da sede das Nações Unidas, em apresentação de Hugh Ferriss, artista conhecido por seus desenhos expressionistas de arranha-céus norte-americanos, 1947. Fonte: *Architectural Forum*, junho de 1947.

reunião, espaçosamente implantados em um parque de seis quadras. Disse Wallace Harrison com ar grave: "o mundo procura um símbolo de paz; nós lhe proporcionamos um *workshop* pela paz" ("Workshop for the World", 1947).

DISCORDÂNCIA ABAFADA

Foi um "*workshop* pela paz", mas não um *workshop* em paz. Ao longo de sete meses, a partir de fevereiro de 1947, houve uma luta na surdina entre Le Corbusier e Wallace Harrison. A *Time* não deixaria de registrar anos depois a antipatia pelo franco-suíço: "a França enviou o brilhante, temperamental Le Corbusier" ("Cheops' Architect", 1952). A única crônica explícita dessa desavença é de Niemeyer, que narra com polidez em seu *Quase Memórias*, e constitui o solitário registro dos bastidores do projeto da sede da ONU. Revela o brasileiro que o arquiteto franco-suíço

> [...] sentia que a incompreensão cercava seu projeto e receava que apresentada uma solução eu contribuísse para agravá-la. Com o correr dos dias todos os arquitetos da comissão apresentaram seus estudos. Apenas eu resistia ao lado de Corbusier que me recomendava: "Não faça nada. Você vai criar a confusão" (Niemeyer, 1968: 7).

As memórias de Niemeyer dão conta da temperatura da contenda:

> Uma tarde, Harrison, que dirigia os trabalhos e nos convocara, chamou-me ao seu gabinete. Queria que eu apresentasse minha solução e como respondesse que não desejava competir com Le Corbusier, a quem deveria ter sido entregue a elaboração do projeto, Harrison retrucou prontamente: "Oscar, não o convoquei para colaborar com Le Corbusier, mas para apresentar, como todos os outros, a sua solução". Durante semanas recusei atendê-lo, só o fazendo quando o próprio Corbusier convenceu-me não haver outra alternativa, pois aguardariam meu estudo para tomar a decisão final (Niemeyer, 1968: 7).

David Underwood nos revela os bastidores das intrigas na visão de Max Abramovicz (assessor norte-americano da equipe de Harrison), em entrevista concedida em 1991:

> Naturalmente o homem que tentou dominar tudo era Le Corbusier. [...] Na realidade o que aconteceu é que quando Corbu viu Niemeyer, ele esperava dele que fosse o "homem-sim", ele imaginava que trabalharia para ele. Nós conhecíamos Niemeyer e começamos a respeitá-lo um pouco, mas depois de uma semana ou duas ele não apareceu mais nas reuniões. Finalmente Wally me pediu:

> "por que não vai ao hotel e descobre o que se passa?" [...] Então fui e o rapaz que estava comigo pediu-lhe que voltasse – porque ele estava fora? [...] Niemeyer disse: "Não, eu não quero ir". Ele estava cansado de enfrentar Le Corbusier, que estava tentando fazer dele o que ele quisesse fazer. Dissemos que o queríamos, mas que ele estava sendo usado por Corbu e ele não era forte suficiente para dizer, "fique fora, não me incomode". Penso que ele se encorajou depois que o fizemos voltar. Ele disse uma vez depois de sua volta: "Eu admiro Le Corbusier como artista e como arquiteto, mas eu não o admiro como homem". Corbu era muito manhoso e criou muitos problemas para nós (Underwood, 1994: 155).

Os norte-americanos viam muitos problemas na solução de Le Corbusier, ao tempo que percebiam as habilidades do brasileiro. Segundo Abramovicz:

> Niemeyer começou a fazer seus próprios pequenos croquis. Ele é um desenhista fascinante. Eu nunca havia visto aquela habilidade antes. Ele visualiza em sua cabeça e começa a desenhar, e ele não tira a mão de cima do papel até a coisa toda estiver esquematizada e se vê a composição à sua frente. Bem, por Deus, nós começamos a respeitar aquilo. Então o que aconteceu foi que nós fazíamos pequenas variações em partes diferentes... Lentamente, quando ele viu que estávamos atrás dele, ele discretamente continuou.

> Niemeyer nunca se impôs, mas seus croquis falavam – muito mais alto do que imaginávamos. Aos poucos a coisa evoluía. Houve um período de vaivém e lentamente nos pegamos aproveitando mais dos insumos de Niemeyer que de qualquer outro. Estava tudo em torno das ideias básicas de Niemeyer – o posicionamento das coisas. Devagar caminhávamos em direção à proposta número 32, de Niemeyer. Eu estava na sala de desenho, onde tínhamos todos os croquis na parede e os modelos sobre as mesas. Corbu entrou na sala, tomou nota de algo como isto (apontando para uma foto da proposta nº 32 de Niemeyer). Desapareceu, e então retornou, fez seu croqui, que ele chamou de 32A, e assinou seu nome nele. Ele simplesmente não podia aguentar (Underwood, 1994: 155).

Como se sabe, a proposta do brasileiro foi a aclamada (Fig. 4). No contexto explicitado por Abramivicz, talvez se possa entender a observação de Niemeyer em sua autobiografia:

> Ao iniciar-se a reunião, Le Corbusier tentou mais uma vez defender seu projeto: "Não fiz desenhos bonitos, mas é a solução científica de todo o programa das Nações Unidas". E eu compreendi que ele se referia aos meus desenhos (Niemeyer, 1968: 106).

Niemeyer, a pedido do arquiteto franco-suíço, concordou em modificar sua solução propondo um projeto único *23-32*, referindo-se ao número de sua proposta – 32 – e a de Le Corbusier – 23 – (Niemeyer, 1968b: 6-10), implantação que prevaleceu e foi divulgada na revista norte-americana *Architectural Forum* de junho de 1947[14] e tão criticada pelos arquitetos conservadores, como vimos acima (Figs. 5 e 6). A sede da ONU estava praticamente pronta em 1952, com um projeto desenvolvido por Wallace Harrison, apenas aproveitando alguns elementos do que foi o projeto conciliatório 23-32.

INSTAURANDO UM DISCURSO: O TRIUNFO DA LINHA CURVA

Foi no final de 1946 que a revista francesa *L'Architecture d'Aujourd'Hui* publicou o mais lisonjeiro artigo e decerto a apreciação instauradora que acompanharia a crítica e mesmo o discurso do próprio Niemeyer doravante. Em três páginas do número de dezembro, o tratamento dispensado à publicação da Igreja de São Francisco de Assis na Pampulha destoava dos demais textos da edição, e mesmo da linha editorial da revista. Em artigo assinado por Pierre Guegen – de quem se sabe apenas que era poeta, gramático e amigo de Le Corbusier

14. "United Nations: Headquarters Plans are Beginning to Jell", *Architectural Forum*, New York, vol. 86, n. 6, june 1947, pp. 12-15.

FIGURA 4: Oscar Niemeyer cercado pela equipe de projeto da sede da ONU, provavelmente registrando a aclamação da solução do arquiteto brasileiro, 1947. Fonte: http://www.un.org/av/photo/un60/pix31.htm.

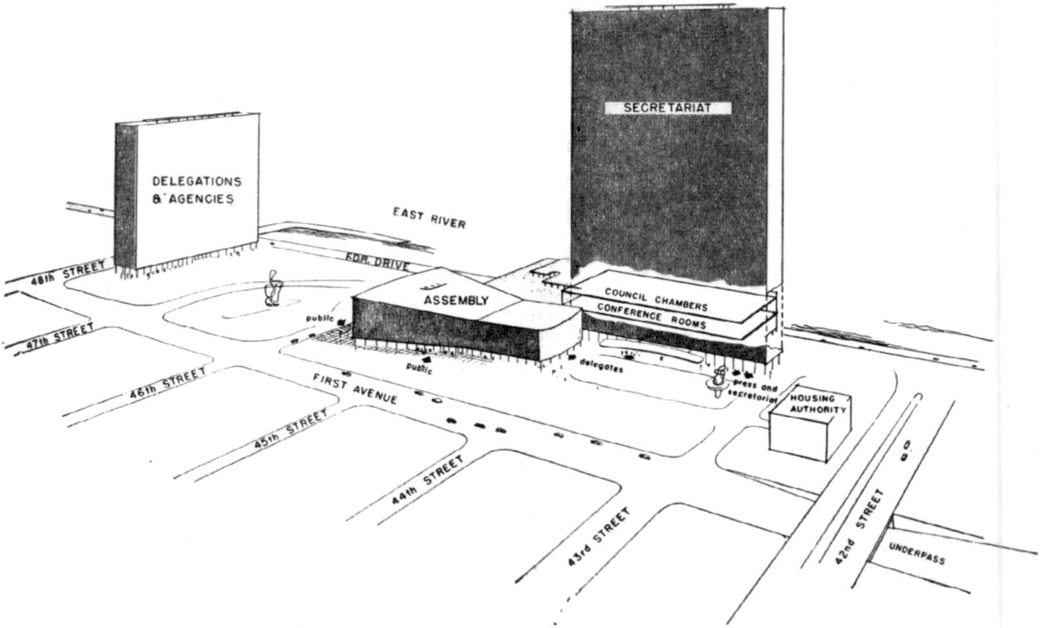

FIGURA 5: Apresentação da proposta final do projeto da sede da ONU (não executada), 1947. Fonte: *Architectural Forum*, junho de 1947.

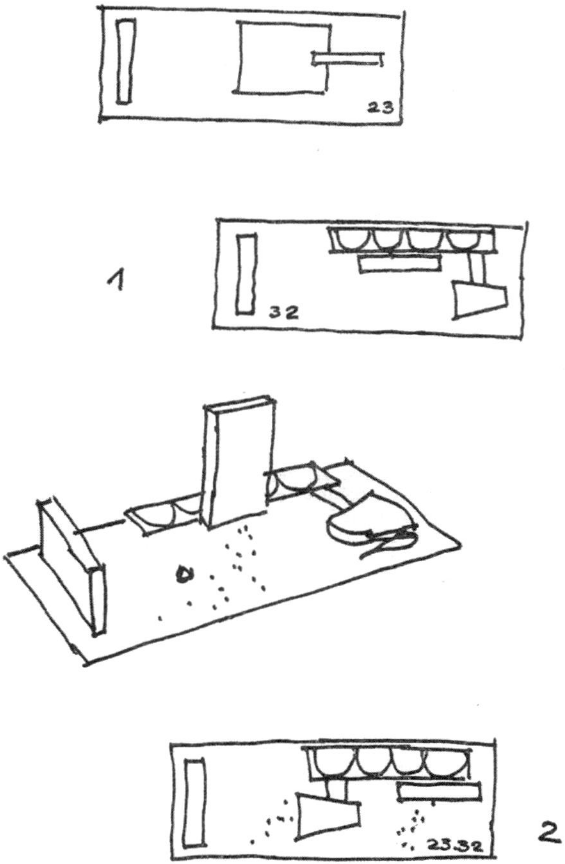

FIGURA 6: Croqui de Oscar Niemeyer com a sua proposta de implantação (32), a proposta de Le Corbusier (23) e a fusão de ambas (23-32). Fonte: Niemeyer, 1968b.

– ("L'Invention d'une Ville: Royan Années 50", 2003: 207), a crítica é metafórica e hiperbólica:

> Que arquitetura surpreendente! E posto que nada mais nos desconcerta em arte depois do cubismo, dizemos bem rápido e alto: que deslumbrante, para os amantes de formas novas, pois aqui a originalidade sabe envolver a beleza. A igreja de Pampulha realiza o casamento do tubo com a tenda; por sinal, uma igreja toda em curvas, em arcos, em anéis de aliança, só pode unir o céu à terra, a alma ao corpo e, eu repito, o tubo (não os tubos de órgãos, mas os grossos coletores de drenagem) e as tendas do deserto, múltiplos, agrupados, cuja franja do tecido toca a areia.
>
> É difícil de se destacar da fachada a melhor acampada, em seu sentido próprio, precisamente: a da cabeceira (posterior), posto que somos tomados por sua vez pela grande afresco [*sic*] que a orna e pela maneira simples e magistral como a curva de cimento a enquadra. O charme desse afresco é antes de tudo arquitetural. A pintura se torna bastante mural em palavras depois de algum tempo; ele é muito raro [...]. Mas o golpe de gênio do arquiteto Niemeyer é não se deixar submeter, a importância do objeto o supera. Este jovem arquiteto soube, tirando proveito das lições do grande Le Corbusier, construir durante a guerra, com uma vibrante equipe do já célebre Ministério da Educação no Rio de Janeiro. E eis que ao deixar o triunfo da Linha Reta, do para-

> lelismo de escaninhos, dessa retitude de arquivos gigantes, na qual se exprime um cartesianismo monumental, ao deixar também a escola corbusiana, ele concebe um triunfo da Linha Curva, que é uma afirmação de sua própria originalidade (Guegen, 1946: 54).

Ao que se saiba, trata-se do primeiro texto a apontar a rebeldia contra a linha reta, contra o discurso corbusiano, identificando a originalidade de Niemeyer com a introdução da curva. Inúmeras referências ou alusões mais tarde consagradas nas apreciações ao arquiteto brasileiro estão presentes nas palavras de Guegen:

> Todo o edifício é a glorificação da parábola. Podemos responder àqueles que julgam que a igreja de Raincy, de Perret, com seus elementos vazados tão bem-sucedidos, se assemelha a uma estação e não a uma capela, que dentro de uma capela adquirimos os bilhetes para o céu. Poderíamos responder àqueles que se desapontaram com as parábolas de Pampulha, que a forma parabólica convém perfeitamente a uma igreja na qual se comentam as parábolas evangélicas. A etimologia é a mesma: o que se põe ao lado de uma coisa e ele se parece. Notem que isso poderá ser uma definição de ritmo. Ora, se a fachada posterior é tão bela à Pampulha, é porque a sucessão de "tendas" graciosas é admiravelmente ritmada. Se eu proponho esta definição de ritmo: uma repetição inventiva, nós a encontraremos ime-

diatamente nas pequenas arcadas que acompanham irregularmente a grande: um de um lado, dois do outro, dentro de um perfeito equilíbrio.

[...] À distância, ela evoca o famoso hangar de Orly de Freyssinet, já demolido.

Quando entramos no hangar de Deus, um vigoroso plano vertical [*sic*] serve de pórtico, que corta a parábola e se prolonga à direta, unindo a igreja a sua sineira, tronco de pirâmide vazado de uma face, gigantesco alto-falante.

Assim tão simplesmente majestosa a sua entrada, a igreja de Pampulha se assemelha às igrejas românicas, e não subjuga o fiel. A fachada da cabeceira, sobretudo, está verdadeiramente na medida do homem e, da maneira como ela encobre a terra, das novas tendas de Jacó, ela é também na medida desta terra.

Quando vemos o florescimento de igrejas novas depois de 1918 nos subúrbios e periferias de Paris, ao lado da Pampulha, tão simples e tão novidadeira, não podemos evitar de maldizer ainda mais os danos do academismo em liberdade cujos filhotes trapalhões desejam estar em dia e alcançam apenas resultados confusos, arquitetonicamente pretensiosos, e uma decoração extravagante que faz os anjos grunhirem. Honra à audácia dos países jovens e aos artistas plenos de fé e de talento como Niemeyer e Portinari (Guegen, 1946: 54-55).

ALVO DAS CRÍTICAS INTERNACIONAIS

Na medida que a fama do jovem Niemeyer se dissemina pelo mundo arquitetônico, suas obras se tornam mais conhecidas por publicações ou por visitas de arquitetos e críticos; a curiosidade vai se transformando em dúvida, em desapontamento. São conhecidas as objeções do designer suíço Max Bill (1908-1994) em 1954 e de Nikolaus Pevsner (1902-1983) em 1961, as quais tive oportunidade de comentar em outro lugar (Segawa, 1992: 210-212).

O italiano Ernesto Nathan Rogers (1909-1969) foi o responsável por um extraordinário período da crítica italiana quando editor da revista *Casabella Continuità,* na década de 1950. A redação e equipe de colaboradores em torno de Rogers era formada por jovens que, mais tarde, seriam responsáveis por notáveis contribuições à arquitetura internacional: Giancarlo de Carlo, Vittorio Gregotti, Marco Zanuzo, Aldo Rossi, entre outros. Rogers, ao comentar sobre Niemeyer em 1954, exprimia inquietações contraditórias:

> Assim acontece com a melhor arquitetura de Oscar Niemeyer: não desconheço realmente os numerosos, frequentes e imperdoáveis defeitos na obra deste artista de talento caprichoso, nem posso aprovar sua tendência, mais propensa às atitudes fantasiosamente

> exuberantes (extraídas de um desenho virtuoso) do que às soluções tecnicamente aprofundadas dos problemas (incluso aquele social, quase distante de sua produção, não tanto pela excepcionalidade dos temas, mas pela escassa possibilidade de inseri-los em um sistema evolutivo) (Rogers, 1954: 2).

Conhecedor da obra de Niemeyer por visitá-la, as realizações do brasileiro eram parte de uma argumentação sofisticada do editorial "Pretexto por uma Crítica Não Formalista", uma das significativas reflexões estampadas nas páginas de *Casabella Continuità* na metade da década de 1950:

> Despido de preconceitos e inserido na sua geografia e na sua história, o caráter de Niemeyer surge mais objetivamente e, se seus defeitos permanecem, afloram também seus méritos: aquele essencial de ter compreendido alguns valores típicos de seu país, deduzindo-os, por analogia, da fisionomia das coisas circundantes; o ciclo entre causa e efeito se fecha na expressão de um estilo no qual o conteúdo tende à sua inequívoca identificação material.
>
> [...] É notável que Oscar Niemeyer, de temperamento sobretudo instintivo, represente uma tentativa de inserir a arquitetura moderna – em particular, a mensagem de Le Corbusier – na ordem dos fenômenos naturais (geologia e botânica) de seu

país, ou seja, na ordem da tradição espontânea e irracional (Rogers, 1954: 2-3).

O discurso dialético de Rogers, num certo sentido, caracterizará uma visão que se tornará indissociável nos escritos estrangeiros sobre Niemeyer:

> Se Niemeyer, pelas obras erradas, pode ser repreendido mais vezes pelo formalismo, ou pode ser acusado pelos imperdoáveis descontroles até mesmo em suas obras mais recentes, é necessário reconhecer a validade de sua poética pessoal cada vez que, sob uma inspiração autêntica, ela se aproxima da visão de uma composição unitária (Rogers, 1954: 3).

As críticas com adjetivos mais duros apareceram mais tarde, no início da década de 1960, na Inglaterra. Nikolaus Pevsner, na edição revisada em 1963 do seu manual *An Outline of European Architecture* (obra editada originalmente em 1943), foi contundente:

> O Brasil é o país onde o fascínio e os perigos da irresponsabilidade deste meio século se manifestam mais densamente. Talvez não seja o caso para espantar porque o Brasil não aderira às novas concepções por volta de 1930-35 e tem, além disso, uma grande tradi-

ção do mais arrojado e exuberante barroco setecentista. Assim se encontram no Brasil as estruturas mais fabulosas de hoje em dia mas também as mais frívolas. A igreja de Niemeyer de Pampulha (1943), com a sua nave de seção parabólica, as pequenas parábolas do transepto e a torre quadrada com uma pequena seção na base que aumenta à medida que a torre sobe; e o bairro de Pedregulho (1950-52), no Rio, de autoria de Affonso Reidy, com os seus longos blocos de apartamentos em curva dupla, blocos isolados, uma escola e um ginásio, uma piscina, lojas etc., constituem os exemplos mais arrojados. Tanto a escola como as lojas têm paredes com cimbres nas traseiras. Os maneirismos como estes são frequentes; ou como as torres de Niemeyer que diminuem de seção para a base; como um dos seus pórticos, cujo teto, em dossel curvo, não proporciona qualquer proteção (Cassino Pampulha, Minas Gerais, 1942); ou as plantas que se contraem e expandem nas curvas mais desordenadas independentemente da sua função. Mas o Brasil não se encontra sozinho, nesta revolta contra a razão. Le Corbusier foi consultado sobre o novo edifício para o Ministério da Educação do Rio em 1937 [*sic*] e resolveu visitar o Brasil. É admissível que o país tenha exercido sobre ele o efeito de libertar os traços irracionais do seu caráter e que tenha transmitido o seu entusiasmo impulsivo aos seus jovens admiradores. Como quer que tenha sido, Le Corbusier modificou totalmente desde então o estilo dos seus edifícios e a capela dos peregrinos em Ronchamp (1950-55), não longe de Besançon é o monumento mais discutido dum novo irracionalismo (Pevsner, 1963: 369)[15].

Nikolaus Pevsner, apesar dos equívocos em suas análises, e com seu prestígio internacional de autor de obras básicas de arte e arquitetura, foi responsável pela cristalização de uma imagem negativa de Niemeyer – condição que persiste até hoje, embora *An Outline* tenha sua última edição em língua inglesa em 1991 e se encontrar praticamente fora de catálogo no mundo. O arquiteto brasileiro sentiu o volume e o calibre das críticas internacionais à sua obra antes da contundência de Pevsner. Em 1958, a autocrítica contida no texto "Depoimento" registrava os efeitos e a reação do arquiteto, conforme procurei examinar em outro trabalho[16].

O RESGATE DE UM ADMIRADOR

Harry Seidler (1923-2006) foi o mais importante arquiteto moderno australiano. Vienense de nascimento, sua família

15. Tradução da 6ª edição inglesa, atualizada pela 7ª edição publicada em Londres em 1963. A tradução não é de boa qualidade, mas resolvi utilizá-la para mostrar a versão que foi difundida na época.
16. Sobre as primeiras reações à crítica, ver: Segawa, 1998: 109-110; sobre a autocrítica, ver: Segawa, 1998: 143-144.

deixou a Áustria com a ascensão do nazismo. Graduou-se em arquitetura no Canadá em 1944; desenvolveu seu *Master* em arquitetura em 1945-46 em Harvard, com Walter Gropius; foi assistente de Alvar Aalto no projeto dos dormitórios de estudantes no Massachusetts Institute of Technology (MIT), em Cambridge; estudou design com Josef Albers no famoso Black Mountain College na Carolina do Norte e, entre 1946 e 1948, trabalhou com Marcel Breuer em Nova York[17]. Seidler deixou os Estados Unidos rumo à Austrália, e a caminho para lá se estabelecer numa virtuosa e vitoriosa carreira; em 1948 ele fez uma escala pelo Rio de Janeiro para trabalhar com Oscar Niemeyer. Em seu livro *The Grand Tour: Travelling the World with an Architect's Eye*, um *best-seller* internacional editado originalmente em 2003, registrando suas impressões e fotografias da arquitetura de todos os continentes, o arquiteto austríaco dedicou algumas palavras ao seu colega brasileiro:

> Gropius, em seus escritos, se referiu de forma um tanto depreciativa a Niemeyer como a ave-do-paraíso da arquitetura[18]. O grande

17. Síntese biográfica disponível em: <http://www.seidler.net.au>. Acesso em: 27 de abril de 2007.

18. Esta menção sobre "ave-do-paraíso" aparece num depoimento da mulher de Walter Gropius, Ise Frank, publicado em: "Walter Gropius Who with Mrs.

número de edifícios realizados tem certa resplandecência e curvilinearidade em comum, que remetem às qualidades do barroco brasileiro. Indiscutivelmente influenciado por Le Corbusier (que visitou o Brasil nos anos 1930) na essência do projeto e estrutura. O trabalho de Niemeyer tem uma desarmante retidão e clareza de conceito que se eleva ao nível de uma forma de arte única (Seidler, 2003: 582).

E Seidler rememora o motivo pelo qual se decidiu por conhecer o Brasil e trabalhar com Niemeyer:

A influência arquitetônica portuguesa foi predominante durante o período colonial do país, entre os séculos XVI e XIX. As cidades históricas preservadas como Ouro Preto são ricas em admiráveis igrejas barrocas do século XVII. Apesar destas serem bem protegidas e merecerem visita, o foco no Brasil está em sua arquitetura moderna. Era isso que eu tinha como determinação de experimentar durante minha estada lá, a caminho para Austrália em 1948. Durante três meses trabalhando com Oscar Niemeyer, o comovente desenvolvimento de sua arquitetura teve um duradouro efeito em mim. Naquele tempo, logo após a Segunda Guerra Mundial, virtualmente não havia arqui-

Gropius Visited Peru and Brazil, Where he was Awarded a Prize", *Architectural Review*, London, vol. 116, n. 694, October 1954, p. 237.

> tetura moderna comparável nos Estados Unidos e edifícios como o novo Ministério da Educação no Rio era irresistivelmente convincente como arquitetura apropriada para nosso tempo.
> [...] Um de seus mais recentes trabalhos (aos 90 anos de idade!) é o museu de Niterói. Esta ousada concepção e estrutura está além da crença ou descrição. Depois de uma visita pode-se sentir confiança que há esperança para nossa época, que a arquitetura se desenvolverá para uma forma de arte que pode tomar seu lugar ao lado do melhor que o homem já construiu no passado (Seidler, 2003: 582).

Decerto impressionado pelas páginas de *Brazil Builds*, o jovem Seidler, em seus 25 anos de idade, se deslocou para o Rio de Janeiro para trabalhar com Niemeyer (Fig. 7). Em sua memorialística de *The Grand Tour*, não obstante ter estudado e trabalhado diretamente com os avatares da Bauhaus nos Estados Unidos, as únicas palavras sobre a época de sua formação são dedicadas a Oscar Niemeyer.

UM LUGAR PARA NIEMEYER

Em seu ímpeto pró-racionalista, vimos que Nikolaus Pevsner foi duro com Niemeyer. Mas no início dos anos 1960 ele não poupou outros arquitetos que, a seu ver, subvertiam

FIGURA 7: Harry Seidler (segundo da esquerda) e Oscar Niemeyer (segundo da direita) no Rio de Janeiro, 1948. Fonte: Harry Seidler and Associates.

a ordem racionalista. Em um discurso no Royal Institute of British Architects em 1961, o crítico britânico, referindo-se à Pampulha, caracterizava seus edifícios como os primeiros que "não mais pertencem ao chamado International Style", com "grande carga de originalidade", mas "enfaticamente, antirracionais". E apontava arquitetos como o alemão Hans Scharoun (1893-1972), o mexicano Félix Candela (1910-1997), o dinamarquês Jørn Utzon (1918-2008) e Niemeyer como exemplos de antirracionalismo pós-moderno – num dos primeiros usos do termo pós-moderno (Segawa, 1998: 10). A Ópera de Sydney de Utzon, símbolo de um país, ou Brasília desacreditam os vaticínios do dogmatismo de Pevsner.

Arquitetura moderna era sinônimo de racionalismo, funcionalismo. O mote "forma segue a função" foi o axioma do modernismo ortodoxo ao qual Niemeyer jamais foi afeito. Todavia, nos anos de vigência da crítica pós-moderna, Niemeyer foi varrido como um "impenitente velho moderno". Se houve algo pertinente na crítica pós-moderna ao moderno foi a denúncia do funcionalismo ortodoxo. Um edifício que é concebido fielmente a um programa, a uma função, e se cristaliza nesse arcabouço funcional, está condenado à obsolescência porquanto no mundo contemporâneo a velocidade das mudanças (das necessidades, das finalidades, dos propósitos, dos significados) tornam a arquitetura uma obra mutante, aberta. O apego de Niemeyer à forma pareceu ser o calcanhar de Aquiles de sua arquitetura, razão maior da desconfiança sobre o jovem Niemeyer. Mas a sua longevidade lhe assegurou a reparação da afronta. As funções desvanecem, os humores cambiam, mas a forma permanece. A beleza, a forma têm uma função, afirma o mestre. O tempo legitimou muitas atitudes do arquiteto brasileiro. Os pós-modernos – mesmo sem o querer – deram mais sentido à prédica e aos desenhos do moderno Niemeyer.

BIBLIOGRAFIA

ANDERSEN, Kurt. "A Boost for Good old Modernism". *Time*, New York, 30 May 1988. Disponível em: <http://www.time.com/time/magazine/article/0,9171,967483,00.html>. Acesso em: 20 de abril de 2007.

"Cheops' Architect". *Time*, New York, 22 Sep. 1952. Disponível em: <http://www.time.com/time/magazine/article/0,9171,822508-2,00.html>. Acesso em: 24 de abril de 2007.

DECKKER, Zilah Quezado. *Brazil Built: The Architecture of the Modern Movement in Brazil*. London, Spon Press, 2001.

"GENTLEMAN, Very Timid". *Time*, New York, 26 January 1948. Disponível em: <http://www.time.com/time/magazine/article/0,9171,779601,00.html>. Acesso em: 24 de abril de 2007.

Guegen, Pierre. "Chapelle à Pampulha (Brésil)". *L'Architecture d'Aujourd'Hui*, Boulogne-sur-Seine, n. 9, déc. 1946.

"Honors to the Old Guard". *Progressive Archiecture*, Cleveland, n. 7, July 1988. p. 9.

"L'invention d'une ville: Royan années 50". *Cahiers du Patrimoine*, Paris, n. 63, 2003.

Moore, Rowan. "New Wave at the Serpentine". *Evening Standard*, London, 17 Jun. 2003. Disponível em: <http://www.thisislondon.co.uk/showbiz/article-5345654-details/New+wave+at+the+Serpentine+/article.do>. Acesso em: 20 de abril de 2007.

"New Wembley Resembles 1941 Plan for Brazil Stadium". *Evening Standard*, London, 2 February 2007. Disponível em: <http://www.thisislondon.co.uk/news/article-23385274-details/New+Wembley+resembles+1941+plan+for+Brazil+stadium/article.do>. Acesso em: 20 de abril de 2007.

Niemeyer, Oscar. *As Curvas do Tempo*. 3. ed., Rio de Janeiro, Revan, 1998.

______. *Quase Memórias: Viagens. Tempo de Entusiasmo e Revolta 1961-1966*. Rio de Janeiro, Civilização Brasileira, 1968.

Pevsner, Nikolaus. *Perspectiva da Arquitetura Europeia*. Lisboa, Ulisseia, 1963.

"On Stilts". *Time*, New York, 5 May 1947. Disponível em: <http://www.time.com/time/magazine/article/0,9171,793653,00.html>. Acesso em: 24 abril de 2007.

Rogers, Ernesto N. "Pretesti per una Critica non Formalista". *Casabella Continuità*, Milano, n. 200, febbraio-marzo 1954.

Seidler, Harry. *The Grand Tour: Travelling the World with an Architect's Eye*. Köln, Taschen, 2003.

Segawa, Hugo. *Arquiteturas no Brasil 1900-1990*. São Paulo, Edusp, 1998.

______. "Um Malcomportado Aluno do Racionalismo". *Novos Estudos Cebrap* n. 32, São Paulo, março de 1992.

Sudjic, Deyan. "The Old Boy from Brazil. For its Annual Pavilion, the Serpentine has Forgone Youth for a Past Master". *The Observer*, London, 22 jun. 2003. Disponível em: <http://observer.guardian.co.uk/review/story/0,,982384,00.html>. Acesso em: 20 de abril de 2007.

"The Search for the 'Capital of the World'". *Research Reports from the Rockefeller Archive Center*, Fall 2005. Disponível em: <http://www.rockefeller.edu/publications/resrep/rrfall2005.pdf>. Acesso em: 24 abril de 2007.

"The story of the United Nations Headquarters". Disponível em: <http://www.un.org/geninfo/faq/factsheets/FS23.HTM>. Acesso em: 24 de abril 2007.

Underwood, David. *Oscar Niemeyer and the Architecture of Brazil*. New York, Rizzoli, 1994.

"Workshop for the World". *Time*, New York, 2 June 1947. Disponível em: <http://www.time.com/time/magazine/article/0,9171,934553,00.html>. Acesso em: 24 abril de 2007.

A REVISÃO CRÍTICA DE OSCAR NIEMEYER*

Rodrigo Queiroz

A análise da revisão crítica de Oscar Niemeyer sobre seus procedimentos projetuais parte da leitura de dois percursos que se entrelaçam. O primeiro deles é o ponto de vista da crítica especializada, que revela a existência de um vocabulário formal reduzido, herdado das soluções presentes nos edifícios que integram o conjunto da Pampulha (1940-1943), e que se rearranja em todos os projetos que sucedem a experiência na capital mineira, resultando em um consequente desgaste de sua linguagem. O segundo percurso está constituído pelos projetos de Niemeyer realizados a partir de 1954, que demonstram a passagem de uma estratégia eminentemente compositiva para soluções identificadas por uma gradual depuração da forma, consequência de uma revisão de seus

* O presente texto é um desdobramento de parte da tese de doutorado, intitulada *Oscar Niemeyer e Le Corbusier: Encontros*, defendida pelo autor em 14 de dezembro de 2007 junto ao Programa de Pós-Graduação em Arquitetura e Urbanismo da Faculdade de Arquitetura e Urbanismo – área de concentração em Projeto de Arquitetura – da Universidade de São Paulo (FAUUSP).

próprios procedimentos, amparada pelo reconhecimento da impossibilidade de conciliação entre a forma livre, como componente acessório do projeto, e a escala monumental de seus novos trabalhos, representada pelos projetos dos palácios de Brasília (1956-1957).

DA COMPOSIÇÃO À SÍNTESE

Em seu conhecido artigo, intitulado "Depoimento"[1], Oscar Niemeyer (1958) realiza um franco e surpreendente balanço de sua obra, desde o projeto do conjunto arquitetônico da Pampulha (1940-1943) aos projetos dos palácios de Brasília (1956-1957). Os quatro anos compreendidos entre 1954 e 1958 representam um período de revisão crítica de sua própria obra.

Soluções de projeto vinculadas ao arranjo compositivo de elementos formais presentes no conjunto arquitetônico da Pampulha em Belo Horizonte dão lugar a propostas identificadas pela concisão plástica, onde solução formal e estrutura são sintetizadas em um mesmo perfil.

O projeto para o Museu de Arte de Caracas (1955) ilustra um período de amadurecimento que culmina nos proje-

1. Texto publicado em fevereiro de 1958 na edição n. 9 da revista *Módulo*, criada e editada pelo próprio arquiteto.

tos para os palácios de Brasília e, finalmente, no mencionado "Depoimento", no qual Niemeyer justifica a transformação de determinados procedimentos projetuais, demonstrada pela passagem da organização compositiva de diversos elementos às formas depuradas e unitárias.

A maioria dos projetos de Oscar Niemeyer que sucedem sua experiência na Pampulha é identificada por uma estratégia compositiva que lança mão do repertório plástico utilizado em cada um dos edifícios localizados ao redor da lagoa artificial em Belo Horizonte: planta circular e marquise sinuosa na Casa de Baile; marquise sinuosa, pilar em v e planta circular irregular no Cassino (atual Museu de Arte da Pampulha); telhado invertido e plataforma no Iate Clube; abóbada e telhado invertido no Golfe Clube (atual administração do zoológico municipal); bloco em curva, fachada inclinada e laje sinuosa/plataforma no Hotel Resort (não executado); e abóbadas sucessivas e pilar em v na Igreja de São Francisco de Assis.

Nos projetos realizados entre 1942 e 1954, cada uma das soluções formais elencadas acima sofrerá transformações de escala, proporção e traçado. A organização dos diversos componentes desse conjunto de soluções é consequência de um raciocínio formal onde, em alguns casos, um único projeto pode conter todos os componentes presentes nos edifícios que integram o conjunto da Pampulha.

Projetos como o Fluminense Iate Clube (1945), o Hotel Regente na Gávea (1949), o Restaurante e Garagem de Barcos da Lagoa Rodrigo de Freitas (1944), o Hotel em Nova Friburgo (1945) e a Residência Burton-Tremaine na Califórnia (1947) utilizam todos os elementos do vocabulário formal presente no conjunto da Pampulha. A manipulação de um conjunto de formas relacionadas entre si segue uma estratégia que estabelece nítidos padrões de hierarquia entre as formas expressivas, de menor dimensão e com caráter acessório, e as formas simplificadas derivadas de volumetrias prismáticas (Fig. 1).

Entre os projetos dos edifícios da Pampulha, que se iniciam em 1940, e os trabalhos que ilustram sua revisão crítica, realizados a partir de 1954, Niemeyer executa algumas obras-chave para o desenvolvimento de sua pesquisa pessoal, como, por exemplo, os projetos da Escola Julia Kubitschek e do Hotel Tijuco (1951), ambos localizados na cidade mineira de Diamantina, o Conjunto do Parque Ibirapuera em São Paulo (1951-1954) e sua residência particular situada na Estrada de Canoas, no Rio de Janeiro (1953).

Devemos atentar para o fato de que as soluções presentes no conjunto da Pampulha não são consequência da mera "invenção", mas do redesenho autoral de elementos arquitetônicos presentes em projetos de Le Corbusier, realizados

FIGURA 1: Restaurante e Garagem de Barcos da Lagoa Rodrigo de Freitas, Rio de Janeiro (1944). Fonte: Papadaki, 1950: 128.

entre 1919 e 1930, tais como: o pilar em v, a marquise inclinada e a forma cilíndrica parcialmente transparente da Cité de Refuge para o do Exército da Salvação em Paris (1929); as abóbadas sucessivas das casas Monol (não executado, 1919) e de seu estúdio particular (1929); o cilindro transparente e o paralelepípedo suspenso por retícula de pilares presente na Casa Savoye (1929); a marquise curva no acesso principal do projeto para a Liga das Nações em Genebra (não executado, 1927) e do Palácio do Centrosoyus em Moscou (1929); o telhado invertido da Casa Errázuris (não executado, 1930), entre outros.

Apesar da clara influência do vocabulário corbusiano nas soluções presentes no conjunto da Pampulha, a passagem da volumetria purista à linha gestual e distendida de Niemeyer identifica a principal operação do arquiteto carioca sobre o referencial do mestre franco-suíço. Oscar Niemeyer formula sua estratégia projetual a partir de um raciocínio dialético que oscila entre o respeito e a ruptura com relação aos postulados de Le Corbusier. Ao extravasar a dimensão expressiva da forma arquitetônica para além dos parâmetros reguladores dos modelos puristas corbusianos, Niemeyer revigora os sentidos da função, da superfície, da forma e do espaço na arquitetura moderna. Se, para Le Corbusier, a forma é um volume construído que estrutura a paisagem, para Niemeyer, forma e superfície são componentes projetados sem distinção, indissociáveis, como um gesto contínuo que define forma e espaço simultaneamente, em um mesmo movimento.

Em projetos como o Iate Clube da Pampulha, a abertura se expande ao limite das faces longitudinais do volume. A superfície opaca, que em Le Corbusier é o próprio volume, em Niemeyer reduz-se a um longilíneo contorno, uma linha que dilui a volumetria da forma, aproximando a obra construída do próprio registro gráfico que a originou (Fig. 2).

Ao alastrar a abertura ao limite das espessuras dos planos exteriores do volume (piso, cobertura e fechamentos laterais), Niemeyer subverte a condição volumétrica da plástica de Le Corbusier, na qual a subtração de matéria da superfície preserva a ideia de volume. Envolvida por um contorno delgado, a volumetria se transforma em linha, novamente em desenho. O elemento arquitetônico, que para Le Corbusier é um dado compositivo, integrante de um conjunto maior, assume, para Niemeyer, a escala e o contorno do edifício em sua totalidade.

O fator que credenciará a Pampulha como modelo para os demais projetos de Niemeyer não será sua confortável filiação corbusiana, mas sua capacidade de transformar o elemento arquitetônico do mestre franco-suíço em uma forma que define

FIGURA 2: Iate Clube da Pampulha, Belo Horizonte (1942). Fonte: Papadaki, 1950: 82.

todo o edifício. Se a Pampulha pode ser compreendida como um redesenho sensível de elementos do purismo corbusiano, os projetos que sucedem essa experiência não versarão mais sobre as soluções presentes nos projetos de Le Corbusier, mas serão consequência da compreensão deste conjunto como um modelo, um esquema versátil. Nessa estratégia compositiva, as soluções formais que definem cada um dos edifícios do conjunto transformam-se em elementos acessórios de projetos identificados por uma edulcorada combinatória.

Em determinados projetos posteriores à Pampulha, a profusão de elementos originados no vocabulário plástico daquele projeto mineiro denunciará a existência de um procedimento projetual baseado em um conjunto fechado de formas. Quando um único objeto configura-se como o arranjo de diversos elementos formais diferentes, oriundos do gesto que concebeu sete edifícios distintos, a solução formal, que antes caracterizava o perfil do edifício como um todo, assume a condição de mero elemento compositivo. E será justamente a paulatina eliminação dessas formas acessórias, em favor de uma maior clareza e objetividade formal, que identificará a principal transformação da estratégia projetual de Niemeyer.

A exaustiva manipulação das soluções formais consagradas na Pampulha fragilizará o valor e o sentido arquitetônico de projetos constituídos a partir de uma formulação sobre um repertório conhecido. O visível desgaste de uma linguagem que se estabelece sobre um conjunto restrito de soluções formais é um sintoma diagnosticado em textos como os de Luís Saia[2] ou os de Max Bill[3].

No artigo intitulado "A Fase Heroica da Arquitetura Contemporânea Brasileira" (1954), Saia aponta que a arquitetura moderna brasileira seduziu-se pela simpatia de soluções formais elegantes que, ao serem reproduzidas e redesenhadas indiscriminadamente, reduzem-se ao mero estilo, onde "[...] muito arquiteto já maduro e experimentado pratica impunemente o mais desbragado academicismo modernista" (Saia *apud* Xavier, 2003: 228). Quando a reflexão sobre nossa produção moderna se restringe à "discussão bizantina de pormenores formais", segundo Saia, faz-se necessária uma "[...] *revisão incômoda* das verdades que atualmente se impingem aos incautos, mas que não resistem a menor crítica [...]" (Saia *apud* Xavier, 2003: 228 – grifo nosso).

Ao referir-se à necessidade de uma "revisão incômoda", o autor admite que, para tanto, seriam necessários alguns sa-

2. "A Fase Heroica da Arquitetura Contemporânea Brasileira", *Folha da Manhã*, no dia 31 de março de 1954.

3. "O Arquiteto, a Arquitetura, a Sociedade", *Architectural Review*, vol. 116, n. 694, outubro de 1954, pp. 238-239.

crifícios que penalizariam diretamente a arquitetura que, até então, encerrava seu debate em uma suposta liberdade da forma. Quando elenca os estilemas formais lançados por Niemeyer e adotados pelos arquitetos brasileiros como modelo, Saia relativiza a vigência de uma produção nacional que adota como regra um sistema formal detentor de um duplo papel: a Pampulha, ao mesmo tempo que atinge o *status* de obra-prima da arquitetura moderna brasileira, transforma-se em modelo polivalente.

Nessas linhas, Saia apresenta um rol de soluções "mágicas" que, segundo o autor, restringiram a discussão da produção nacional ao universo meramente plástico: *brise-soleil*, "colunas em V", "pilotis", "amebas", "panos contínuos de vidro", "moderno", "funcional" etc. (Saia *apud* Xavier, 2003: 228). Saia se refere a estas soluções como "as cartas do atual baralhão [...], fáceis, eficientes e redondas". Elas coincidem com os elementos formais que Niemeyer lança na Pampulha e que se reproduzem em seus projetos seguintes. Ao condenar os elementos típicos dessa arquitetura, Luís Saia traz à tona algumas verdades oportunas, apontando a necessidade de uma revisão crítica sobre uma produção em crise de significado; diagnosticando que a subjetividade do gosto e a síndrome da originalidade não teriam a densidade suficiente para legitimar essa arquitetura por muito tempo.

Em seu artigo, o arquiteto paulista também indica que o fascínio desempenhado pela liberdade gestual das formas de Niemeyer impede que os arquitetos compreendam o verdadeiro sentido da funcionalidade na arquitetura. O autor aponta o descaso e a falta de sensibilidade com os problemas urbanos de uma cidade em pleno crescimento como São Paulo:

> Nas aglomerações urbanas densas, como São Paulo, por exemplo, vemos a todo momento surgirem novos edifícios, muitos carregados de intenções modernistas. Sua aprovação administrativa, porém, se faz com base em gabaritos obsoletos e ultrapassados, resultando que, afinal, não consultam de maneira alguma os fatores contemporâneos nascidos do automóvel, a concentração urbana exacerbada, a ferrovia etc. O verdadeiro sentido da palavra "funcional" fica, nesse caso, inteiramente falseado (Saia *apud* Xavier, 2003: 229).

Na opinião de Luís Saia (*apud* Xavier 2003: 230), estamos ainda "[...] aprisionados no rabo do foguete estético" que impede que se realize uma reflexão crítica mais franca e isenta sobre o papel do arquiteto na sociedade". Para legitimar seu ponto de vista, Saia corrobora com as críticas realizadas pelos especialistas estrangeiros que "[...] não deixam de ter procedência quando encaradas de um ponto de vista criterioso" (Saia *apud* Xavier, 2003: 228).

O teor da crítica internacional transitará entre os elogios de Sigfried Giedion em "O Brasil e a Arquitetura Contemporânea", prefácio do livro *Arquitetura Moderna no Brasil* de Henrique Mindlin, e a severidade desmedida de Max Bill em "O Arquiteto, a Arquitetura, a Sociedade", onde o autor desfere um ponto de vista "franco e desimpedido de formalidades", revelando-se "desgostoso comigo mesmo se não afirmasse que a arquitetura brasileira corre o risco de cair em um perigoso academicismo antissocial" (Bill *apud* Xavier, 2003: 159).

As preocupações de Bill aproximam-se daquelas presentes no texto de Luís Saia. O fascinante jogo das formas livres havia reduzido a produção nacional às infinitas variações combinatórias cujo tema é comum, tanto às formas que Niemeyer elege como repertório posteriormente à experiência da Pampulha, quanto às soluções que Luís Saia condena em seu texto. Identifica-se, em quatro elementos presentes na arquitetura brasileira, aquilo que, segundo o autor, materializa o que ele chama de *espírito acadêmico modernizado*: forma livre; cortina de vidro; *brise-soleil* e piloti. Sobre esse último aponta que "nos últimos anos variou um pouco, conforme a 'última moda parisiense', ditada pelo escritório de Le Corbusier" (Bill *apud* Xavier, 2003: 159).

Em seu texto, Max Bill sinaliza para o fatal desgaste da linguagem da arquitetura moderna brasileira, onde o fascínio pela liberdade da forma impede os avanços na esfera social e urbana. Após visitar as obras do Edifício e Galeria Califórnia na cidade de São Paulo, projeto de Oscar Niemeyer, o autor acredita que

> [...] caso não reflitam cuidadosamente sobre as responsabilidades do arquiteto para com o homem e a sociedade, vocês podem incorrer em erros semelhantes, pois, de fato, à primeira vista, tal arquitetura pode parecer revolucionária e ser festejada como obra de arte (Bill *apud* Xavier, 2003: 161).

Na tentativa de redirecionar o foco de um debate até então legitimado pelo primado da forma livre, Bill pontua questões cruciais que visam a revisão do juízo de valor sobre a produção nacional: "Mas qual a forma estruturadora que estamos procurando? Seria aquela caracterizada pela forma livre, pilotis, brise-soleils e cortina de vidro? Tem que ser tão fotogênica e espetacular assim? Não creio" (Bill *apud* Xavier, 2003: 162).

Em entrevista concedida à revista *Habitat*, Max Bill não poupa de suas críticas nem o projeto para a sede do Ministério de Educação e Saúde (MES), dizendo que "[...] os azulejos quebram a harmonia do conjunto, são inúteis e, como tal, não deveriam ter sido colocados. [...] Aliás, a arquitetura moderna brasileira padece um pouco desse amor ao inútil, ao simplesmente decorativo" (Bill, 1953: 34). Para o artista e crítico, a arquitetura moderna brasileira, ao aderir a certa liberdade gestual, desconsidera seu compromisso social. Sobre a Pampulha, ele é enfático:

> Niemeyer, apesar de seu evidente talento, projetou-o por instinto, por simples amor à forma pela forma; elaborou-o em torno de curvas caprichosas e gratuitas, cujo sentido arquitetural apenas para si mesmo é evidente. O resultado disso é um barroquismo excessivo que não pertence à arquitetura nem à escultura (Bill, 1953: 34).

Devido ao ponto nitidamente racionalista de Max Bill (1953: 34), que postula que "[...] em arquitetura tudo deve ter sua lógica, sua função imediata", poucos exemplos na produção nacional estariam ilesos de comentários agudos. Apenas o Conjunto de Pedregulho de Affonso Eduardo Reidy inspira elogios do artista suíço. Em contrapartida, é evidente que os arquitetos brasileiros não verão com bons olhos as opiniões cristalinas e pouco diplomáticas de Max Bill, que será alvo da réplica arguta de Lucio Costa em seu texto "Desencontro" de 1953:

> Quase me envergonho de abordar tais pormenores para rejeitar uma crítica viciosa e carregada de velhos recalques pueris con-

> tra os princípios básicos da doutrina de Le Corbusier. O edifício do Ministério, malgrado o desamor com que é tratado pelo crítico e pelos encarregados da sua conservação, há de ser sempre considerado, pela opinião profissional isenta de prevenção, um dos marcos fundamentais da arquitetura contemporânea (Costa, 1995: 202).

Sobre a Pampulha, Costa rebate a crítica de Max Bill argumentando que o conjunto de Niemeyer não tinha como premissa o compromisso com a coletividade, bastando uma análise sobre o programa proposto:

> Trata-se de um conjunto de edificações programadas para a burguesia capitalista – um cassino, um iate-clube, uma casa de baile. Cada qual foi traduzido arquitetonicamente com seu caráter próprio inconfundível, a belíssima entrada, a sábia conexão das salas de jogos e do teatro, tudo agenciado com maestria; no iate a linha distendida puríssima; no baile, o dengue gracioso que lhe convém. Nada disto coube na visão estreita do mestre de Ulm [...] (Costa, 1995: 202).

Em seu livro *Minha Arquitetura,* Niemeyer (2000: 24) corrobora com as colocações de Costa sobre as críticas enérgicas desferidas por Max Bill:

> Às vezes surge o indesejável, e um intruso é levado a exibir sua pretensão descabida. Foi o que aconteceu com Max Bill, que, de passagem pelo Rio, se permitiu criticar Pampulha. Lucio Costa, pelos jornais, deu-lhe a resposta adequada: "Sem Pampulha, Pedregulho não existiria". E, de longe – como as coisas se propagam! – Alvar Aalto me escreveu: "Niemeyer, hoje pus a última pá de cal em cima de Max Bill". E o trêfego homenzinho voltou a sua insignificância.

Em "Pretextos para uma Crítica não Formalista"[4], Ernesto Nathan Rogers destila uma crítica severa sobre a arquitetura moderna brasileira e sobre parte das obras de Niemeyer, reconhecendo tanto os exageros agressivos de Max Bill como a condescendência de Sigfried Giedion (ambos suíços), e acredita que "Observar a arquitetura brasileira sob um ângulo particular (por exemplo, suíço) é, de qualquer forma, um erro de abstração que – por ilação – conduz a excessivas e condenáveis polaridades da crítica formalista" (Rogers *apud* Xavier, 2003: 166). Rogers compreende, como formalista, uma crítica que utiliza o aporte do gosto ou a crença pessoal como critério de julgamento. Segundo o autor:

4. *Casabella-continuità*, Milano, vol. 200, febbraio/marzo de 1954, pp. 1-3.

> É um erro crítico que ousaria incluir na categoria de formalismo o fato de comparar com as próprias preferências poéticas o resultado estético que um artista alcança por ser fiel à poética que lhe é inata. Não menos do que outro *erro bastante frequente, de julgar um artista por seus imitadores* [grifo nosso]. Pois se, de fato, os inúmeros imitadores compatriotas de Niemeyer são muitas vezes um desastre e há tolos que transplantam a semente dele para territórios impróprios, como fazem alguns charlatães [...] (Rogers *apud* Xavier, 2003: 168).

Ao eximir Niemeyer da responsabilidade pelo caminho tomado pela arquitetura moderna brasileira, Rogers aponta a obra do arquiteto brasileiro como modelo para toda uma geração desprovida da mesma habilidade, esta sim, responsável pela manipulação indiscriminada das cartas do "baralhão" revelada por Saia. Com a transformação das soluções formais da Pampulha em componentes de um procedimento de projeto, Niemeyer estrutura sua obra a partir da manipulação de um conjunto de formas que se combinam a partir de infinitas configurações. Essa potencial diversidade, proveniente da organização de um repertório restrito, identifica uma produção que perdura por, no mínimo, quatorze anos (1940-1954).

Os diagnósticos de Luís Saia, Max Bill e Ernesto Nathan Rogers correspondem ao de Giulio Carlo Argan, presente em seu texto "Arquitetura Moderna no Brasil"[5]. Na opinião do crítico italiano, após o período identificado por um experimentalismo formal exacerbado, caberia aos arquitetos brasileiros realizarem uma revisão crítica sobre seus próprios procedimentos formais. Argan indica que o rigor técnico e estético presente em determinados exemplares da arquitetura moderna brasileira não encontra paralelo no desenho urbano e entende que o grande desafio para os arquitetos brasileiros reside muito mais na questão urbana do que no exercício estilístico sobre um modelo. Segue trecho em que o autor italiano coloca como fundamental a inserção da cidade no debate da arquitetura:

> É evidente que a posição pela qual a arquitetura moderna brasileira pôde alcançar o atual nível de especialização técnica e estética não é mais adequada para enfrentar, em toda sua extensão, o problema essencialmente social de um grande programa urbanístico.
> [...] talvez seja necessário sacrificar algumas das "fórmulas" venturosas que lhe permitiram alcançar o alto grau de qualificação técnica e estilística [...]; mas será também por essa via que a nova arquitetura brasileira poderá conseguir, como caracterização his-

5. *Comunità*, Roma, n. 24. 1954, pp. 48-52 (Xavier cita a tradução para o português de Ana Luiza Nobre).

> tórica concreta e não apenas como inovação formal, uma originalidade profunda e autêntica (Argan *apud* Xavier, 2003: 174).

Marco do Valle (2000: 15), em sua tese *Desenvolvimento da Forma e Procedimentos de Projeto na Arquitetura de Oscar Niemeyer (1935-1998),* aponta para o fato de que os mesmos atributos que durante a década de 1940 conferiram notoriedade internacional à arquitetura moderna brasileira, a partir de meados da década de 1950, cumprem o papel inverso:

> A polêmica gerada pela crítica internacional especializada, que reverberou em um debate da arquitetura brasileira, que estava sendo criticada exatamente pela mesma característica que a projetara internacionalmente, qual seja, a demonstração das capacidades semânticas e programáticas do estilo e a revelação de possibilidades formais até então inexploradas [...].

Devemos lembrar que os artigos de Saia, Bill, Rogers e Argan foram publicados em 1954, ano que deflagra um evidente redirecionamento plástico na obra de Oscar Niemeyer, como podemos observar em projetos como a sede da TV Rio (1954, Fig. 3), o Museu de Arte de Caracas (1955) e a própria residência Cavanelas (1954). Nesses projetos, inexistem as soluções condenadas por Luís Saia e Max Bill. O jogo entre marquises

FIGURA 3: Sede da TV Rio, Rio de Janeiro (1954). Fonte: Papadaki, 1956: 190.

sinuosas e pilotis escultóricos dá lugar às soluções nitidamente simplificadas e concisas, onde o programa não mais se organiza a partir da justaposição compositiva de formas livres, mas abriga-se no interior de um único volume puro.

Apesar do desagrado provocado pelas severas críticas, os projetos de Niemeyer realizados a partir de 1954 mostram um realinhamento que coincide com a perspectiva presente nos ataques dos críticos. As "cartas" colocadas em questão por Luís Saia serão revistas nos projetos de Niemeyer que já indicam um abandono paulatino da manipulação compositiva do vocabulário originado no conjunto da Pampulha. O fato de Niemeyer não receber com bons olhos as críticas desferidas a partir de 1953 não significa que, no ofício da profissão, o arquiteto não as considere, na prancheta, como parâmetro para legitimar uma nova fase que depura a profusão da forma livre em perfis elementares.

Entre as críticas sofridas em 1954 e seu citado "Depoimento", Niemeyer realiza uma série de projetos que formalizam os preceitos de unidade, simplicidade e pureza presentes no relato pessoal do arquiteto. E será somente após a manipulação de programas distintos sob a perspectiva de uma linguagem concisa, a partir da síntese entre forma e estrutura, que Niemeyer se sentirá preparado para elaborar um texto que explique o desgaste da originalidade subjetiva e que anuncie sua nova fase.

DO MUSEU DE ARTE DE CARACAS A BRASÍLIA

A forma simples, desprovida de elementos acessórios, que identifica a pirâmide invertida do Museu de Arte de Caracas (1955), aponta para a nova estratégia projetual adotada por Niemeyer. Em uma sequência de pequenos croquis, o arquiteto descreve a trajetória até a solução final. Nesses desenhos, Niemeyer ilustra a passagem da composição para a simplificação formal. Nos primeiros esquemas observa-se a presença de soluções aplicadas em projetos anteriores como o volume prismático sobre pilotis, o pilar em V e a fachada inclinada (Figs. 4 e 5). Esses desenhos não são registros originais de um processo de raciocínio; certamente foram elaborados após a solução final. Ao fazer e publicar essa sequência de croquis, Niemeyer expõe uma autocrítica ilustrada onde é possível aferir o percurso em busca da síntese da forma.

Apesar dos projetos de Niemeyer realizados a partir de 1954 já ilustrarem um evidente redirecionamento de sua postura projetual, será apenas em seu "Depoimento" que o arquiteto se dedicará à explicação de sua nova conduta, vigente desde 1954. Este texto apresenta uma severa autocrítica sobre seus procedimentos de projeto e sua postura profissional, condenando seu ponto de vista anterior, que compreendia a arquitetura

> [...] como um exercício que se deve praticar com espírito esportivo – e nada mais. E isso permitia certa negligência – facilitada pelo meu feitio displicente e boêmio – e fazia com que *aceitasse trabalhos em demasia, executando-os às pressas*, confiante na habilidade e na capacidade de improvisação que me julgava possuidor (Niemeyer, 1958: 4 – grifo nosso).

Em entrevista publicada na edição inaugural da revista *Módulo* (1955), além de rebater o bombardeio da crítica internacional, Niemeyer antecipa em pelo menos três anos algumas colocações que são reafirmadas em seu "Depoimento" de 1958, cuja condição não é apenas a de um marco que inaugura uma nova fase, mas a de uma explicação cristalina de uma nova postura estética identificada nos projetos realizados desde 1954:

> Sobre estas críticas, meu amigo, nada tenho a dizer; nem me interessa mesmo contestá-las. Somos um povo jovem, com uma tradição de cultura ainda em formação – o que nos expõe naturalmente mais à crítica daqueles que se julgam representantes de uma civilização superior. Mas também, somos simples e confiantes em nossa obra. O suficiente pelo menos para apreciar essa crítica, ainda quando parta de homens que não possuem, profissionalmente, as credenciais necessárias.
> [...] Um dos aspectos mais objetivos das críticas é a deficiência de bons acabamentos nos nossos edifícios. Isso é compreensível, uma vez que se leve em conta ser a nossa indústria ainda pobre; além disso e,

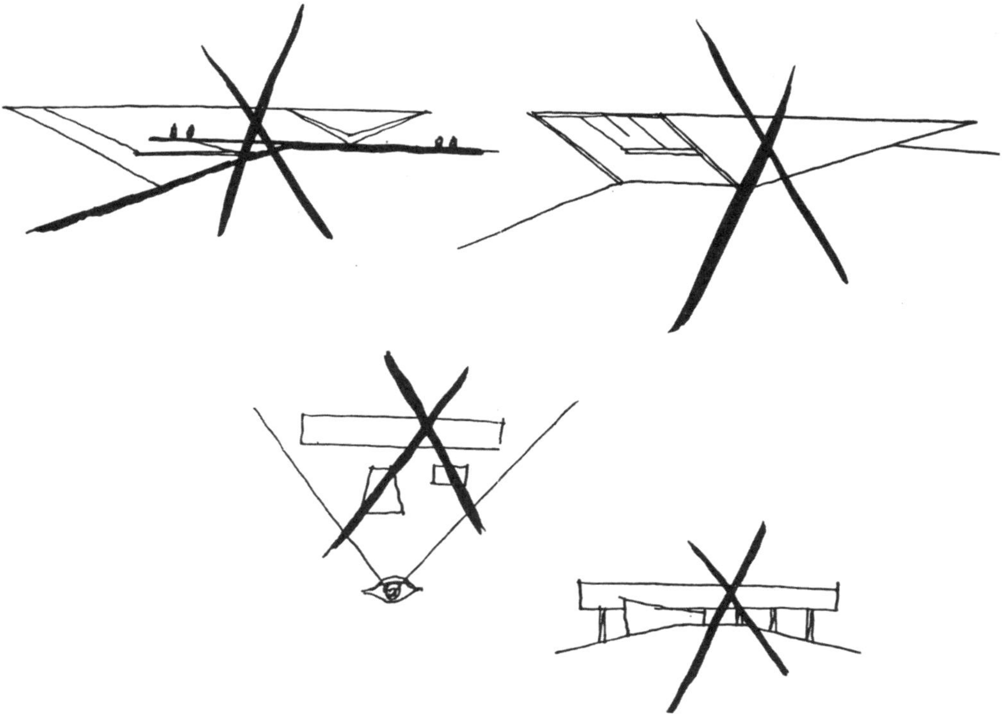

FIGURA 4: Museu de Arte de Caracas – estudos (1955). Fonte: Revista *Módulo* n. 4: 38.

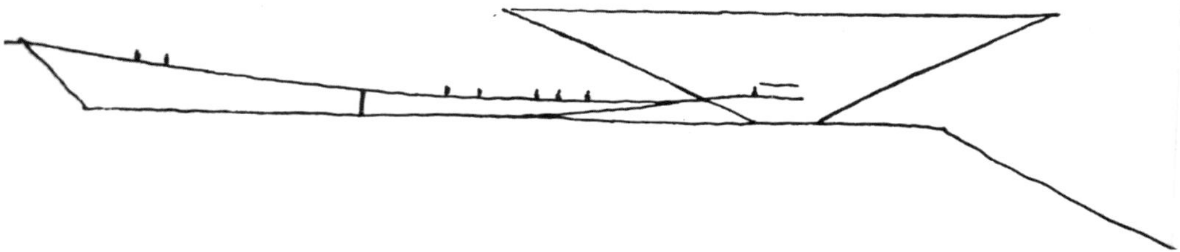

FIGURA 5: Museu de Arte de Caracas – elevação (1955). Fonte: Revista *Módulo* n. 4: 38.

> principalmente, *muitos dos arquitetos brasileiros, executaram trabalhos em demasia, o que não lhes permitiu, às vezes, dar a todos uma fiscalização apurada* – ao contrário da maioria dos arquitetos europeus, que se dedicam meses a fio a um só projeto. Aliás – e esta pequena ressalva também não deixa de ser importante – nada se conhece no Brasil, dos Srs. Rogers e Max Bill, a não ser pequenos e inexpressivos projetos (Niemeyer, 1955: 47 – grifo nosso).

Para legitimar sua nova fase, Niemeyer recorre a uma estratégia surpreendente e, até certo ponto, improvável. Em seu "Depoimento", o arquiteto realiza uma severa crítica sobre o entendimento de projeto como consequência do arranjo de elementos pertencentes a um repertório formal fechado, presentes em seus projetos posteriores à Pampulha, representantes de uma previsível compulsão pela "originalidade". Niemeyer reconhece que "chegou a descuidar de certos problemas e adotar uma *tendência excessiva para a originalidade*" (Niemeyer, 1955: 47 – grifo nosso). Ao colocar em xeque essa tendência, Niemeyer retira a autoridade daquelas soluções formais lançadas na Pampulha e condenadas por Luís Saia. Apesar de reconhecer o desgaste dessas soluções provenientes da "invenção", em outro trecho da entrevista, o arquiteto carioca reconhece a importância de seus projetos para a arquitetura moderna brasileira:

> Não pretendo, naturalmente, com esses comentários, iniciar um processo de autodestruição, nem atribuir aos meus trabalhos feição depreciativa. Vejo-os, pelo contrário, como fatores positivos dentro do movimento arquitetural brasileiro, ao qual deram, na ocasião oportuna, por seu élan e seu sentido criador, uma contribuição efetiva que até hoje caracteriza esse movimento (Niemeyer, 1955: 47).

Mário Pedrosa, em sua matéria "Depoimento de Oscar Niemeyer"[6], sintetiza de maneira precisa o significado, para a arquitetura moderna brasileira, tanto do arquiteto quanto do seu próprio "Depoimento":

> Assim *iria caber a Niemeyer*, o mais fecundo inventor de formas de nossa arquitetura, o inesgotável improvisador de soluções, o "playboy" endiabrado, *reagir primeiro que todos* contra o demônio da originalidade e a faceirice da improvisação (Pedrosa *apud* Xavier, 2003: 243 – grifo nosso).

A partir da colocação de Pedrosa, podemos concluir que Niemeyer teve um duplo papel na constituição do ideário formal da arquitetura moderna brasileira: o mesmo arquiteto que em 1940, no projeto do conjunto da Pampulha, lança as

6. *Jornal do Brasil*, 24 e 25 de julho de 1958.

soluções formais e as estratégias compositivas que figurarão nas pranchetas de toda uma geração de arquitetos, a partir de 1954, em seus projetos e, no "Depoimento" de 1958, contradiz o primado da originalidade, apresentando soluções projetuais simplificadas e de volumetria pura. Ao assumir novamente a responsabilidade de conferir um sentido para a reflexão da arquitetura moderna brasileira, Niemeyer revigorará um debate, até então esvaziado por um já desgastado suposto corbusianismo tropical.

João Batista Vilanova Artigas, em seu artigo "Revisão Crítica de Niemeyer"[7] (contemporâneo ao artigo de Pedrosa, 1958), saudará o "Depoimento" do carioca como um "[...] *ponto de partida* para uma nova fase do desenvolvimento da arquitetura nacional", encontrando nele "sugestões para a análise da atual etapa do desenvolvimento da arquitetura brasileira" (Artigas *apud* Xavier, 2003: 240 – grifo nosso).

Ao compreender o texto de Niemeyer quase como um manual que sinaliza uma nova direção para o debate interno, Artigas indica um comprometimento com relação ao discurso de Niemeyer que, segundo o próprio autor, "define com segurança o significado de certos aspectos decorativos que imaginamos que, de certa forma, envolviam nossas expressões

7. *Acrópole*, em julho de 1958.

arquitetônicas, traçando rumo certo para evitá-los" (Artigas *apud* Xavier, 2003: 240).

Devemos salientar que grande parte dos projetos de Vilanova Artigas realizados até meados da década de 1950, assim como determinada vertente da produção moderna nacional, reduziam-se às variações sobre o conjunto conhecido de soluções formais. Alguns projetos de Artigas incorporam claramente o vocabulário formal de Niemeyer: o telhado invertido com a adoção de mezanino na sua porção mais alta, na segunda residência do arquiteto (São Paulo, 1949) e a fusão do telhado invertido com a sequência de abóbadas sucessivas suspensas na Rodoviária de Londrina (1950). Segundo Artigas (*apud* Xavier, 2003: 240), após o "Depoimento" de Niemeyer, "A arquitetura brasileira abandona os aspectos de submissão ao imobiliário, que vinha exibindo, para se projetar com pureza no plano da manifestação cultural, única forma de ser compreendida".

A colocação de Artigas, ao mesmo tempo em que diz respeito ao texto de Niemeyer, desdobrará na mudança de sua própria trajetória profissional que, a partir da metade da década de 1950, se desvincula de soluções tributárias ao vocabulário purista de Le Corbusier e, consequentemente, ao repertório celebrizado por Niemeyer, aproximando-se de uma obra onde a forma é consequência do pleno rigor da técnica que aflora, ao mesmo tempo, como registro de sua construção e como imagem.

Em seu "Depoimento", Niemeyer diz que "As obras de Brasília marcam, juntamente com o projeto para o Museu de Caracas, uma nova etapa no [seu] trabalho profissional. Etapa que se caracteriza por uma procura constante de concisão e pureza [...]" (Niemeyer, 1958: 3). O arquiteto elege o Museu de Arte de Caracas (1955) e os Palácios de Brasília (1956-1957) como os principais representantes dessa nova fase de sua carreira. Ambos os projetos sucedem à sequência de críticas sofridas durante o ano de 1954.

Apesar do evidente redirecionamento plástico de Niemeyer ocorrer posteriormente à publicação das críticas incisivas ao seu trabalho, não será esse o fato alegado pelo arquiteto como crucial para a legitimação de sua revisão profissional. Ele aponta sua primeira viagem à Europa, realizada no início de 1955, como fato fundamental para sua mudança de conduta: "Realmente, depois que voltei da Europa, após haver – atento aos assuntos do ofício – viajado de Lisboa a Moscou, muito mudou minha atitude profissional" (Niemeyer, 1958: 3). Segundo Yves Bruand (1999: 181):

> [...] Niemeyer percorreu o então o Velho Continente, de Lisboa a Moscou, e o que viu, foi para ele uma revelação. [...] O

> contato direto com a Europa e seus monumentos modificou radicalmente seu ponto de vista; de repente ele compreendeu o significado das construções do passado enquanto símbolo do estágio de uma civilização e, principalmente, o valor permanente de sua beleza [...].

A viagem de Niemeyer à Europa antecede em praticamente oito meses o projeto para o Museu de Arte de Caracas[8], o que nos permite compreender esta proposta, não apenas como consequência de uma revisão de sua conduta profissional, mas também como reflexo dessa viagem. A primeira experiência de Niemeyer no Velho Continente advém de dois compromissos distintos: a realização de um projeto de edifício de habitação no bairro Hansa em Berlim[9] (Fig. 6),

8. Os esboços realizados por Niemeyer para o Museu de Arte de Caracas foram assinados e datados pelo arquiteto com a data de 3 de outubro de 1955.

9. Em uma perspectiva concebida por Niemeyer para ilustrar o projeto no bairro Hansa, o arquiteto assina "Berlim, 15/02/1955", dado que comprova que sua primeira viagem à Europa foi realizada durante os primeiros meses de 1955, anteriormente ao projeto de Caracas. Uma breve nota publicada na revista *Módulo* de dezembro de 1955 (n.3, s.n.) também atesta que a viagem à Europa ocorre antes do projeto para Caracas: "O projeto do novo Museu de Arte Moderna de Caracas, na Venezuela, foi elaborado pelo arquiteto brasileiro Oscar Niemeyer, *que acaba de regressar daquela cidade*. Trata-se de obra patrocinada por um grupo de incentivadores de arte venezuelanos e deverá compreender uns quatro mil metros quadrados de construção. O projeto de Niemeyer prevê a construção de um bloco

FIGURA 6: Edifício de Habitação em Berlim (1955). Fonte: Revista *Módulo* n. 2: 25.

e de uma palestra[10] na União de Arquitetos da então União das Repúblicas Socialistas Soviéticas, em Moscou. Em seu livro de memórias *As Curvas do Tempo*, Niemeyer discorre sobre o itinerário de sua primeira viagem europeia:

> Gostava de olhar, cada dia diferente. Mar intenso a lembrar eternidade. Gostava daqueles dias de ócio, sem fazer nada, a ler, conversar, estirado nas cadeiras de bordo.
> Numa dessas viagens fui a Moscou. Levava Annita e o meu amigo Eça. Queria que eles conhecessem o Velho Mundo.
> Descemos na Itália. Fomos a Roma, Florença, Veneza e Lisboa, daí partimos para Paris, onde Vinícius de Moraes nos esperava na estação. Ficamos três dias em Paris, uma semana na Tchecoslováquia, um mês em Berlim e, finalmente, Moscou (Niemeyer, 1998: 54).

de cinco pavimentos, de dezesseis metros de altura. Está situado em uma elevação de terreno – o que determinou suas características especiais. *Em seu próximo número,* MÓDULO *apresentará todos os detalhes do projeto – o segundo realizado pelo arquiteto patrício, em 1955, no estrangeiro (o primeiro: prédio em Berlim)*" (*Módulo* n. 3 – grifo nosso).

10. A palestra de Niemeyer em Moscou foi noticiada em nota publicada na revista *Módulo* n. 2 (1955: 7). Além da palestra, a sede da União dos Arquitetos da URSS abrigou a exposição de alguns projetos de Niemeyer (Conjunto da Pampulha, Hotel Quitandinha, Residência do arquiteto na estrada de Canoas, Conjunto JK em Belo Horizonte, entre outros).

No projeto para Berlim, Niemeyer utiliza o mesmo partido formal caracterizado pela lâmina estreita de proporção horizontal, sobreposta a apoios em V, e o volume de circulação vertical solto, presente em projetos como o Palácio da Agricultura em São Paulo (1951) e o Hospital Sul-América no Rio de Janeiro (1952). Porém, no edifício alemão estão suprimidos os elementos adjacentes, conectados ao corpo principal, como o belvedere/plataforma presente no Palácio da Agricultura, ou o volume formado pelo encontro entre a abóbada rasa e cobertura côncava, ligado ao sólido retangular do Hospital Sul-América.

A estratégia compositiva que separa os programas em corpos distintos a partir de suas potencialidades expressivas, presente nos dois projetos anteriores ao edifício alemão, é um recurso presente em diversos projetos de Niemeyer, no qual a forma racional é abrigo do programa de uso cotidiano, identificado por ambientes repetidos (apartamentos, escritórios), ao passo que a forma expressiva contém o elemento do programa que abriga funções de uso esporádico e coletivo (espaços expositivos e auditórios). Em seu "Depoimento", Oscar Niemeyer fala sobre os perigos do uso indiscriminado desses apêndices expressivos:

> Dentro do mesmo objetivo, passei a evitar as soluções recortadas ou compostas de muitos elementos, difíceis de se conterem numa

forma pura e definida; os paramentos inclinados e as formas livres que, desfigurados pela incompreensão e inépcia de alguns, se transformam muitas vezes, em exibição ridícula de sistemas e tipos diferentes (Niemeyer, 1998: 5).

A revisão crítica de Niemeyer não deve ser compreendida apenas como a mera consequência do amadurecimento de um raciocínio formal deflagrado na Pampulha e exercitado nos projetos seguintes. O processo de simplificação da forma, a partir da síntese entre perfil exterior e solução estrutural, responde a uma demanda de projetos de maior escala, onde a amplitude reduzida do movimento curvilíneo, identificada nos projetos menores, perderia seu sentido quando utilizada como contorno de formas de maior dimensão.

O melhor exemplo para a compreensão da passagem do movimento excessivamente sinuoso para uma linha de curvatura mais distendida, proveniente da concordância entre reta e curva, é o projeto do conjunto arquitetônico do Parque Ibirapuera. No primeiro estudo para o projeto, cada um dos pavilhões é definido por um pórtico serial transverso distinto, enquanto a marquise tentacular, que conecta os pavilhões, possui uma oscilação. Esta resulta incontida se comparada à distensão alargada que identifica o traçado da versão definitiva, interligando pavilhões de volumetria ortogonal, oposta

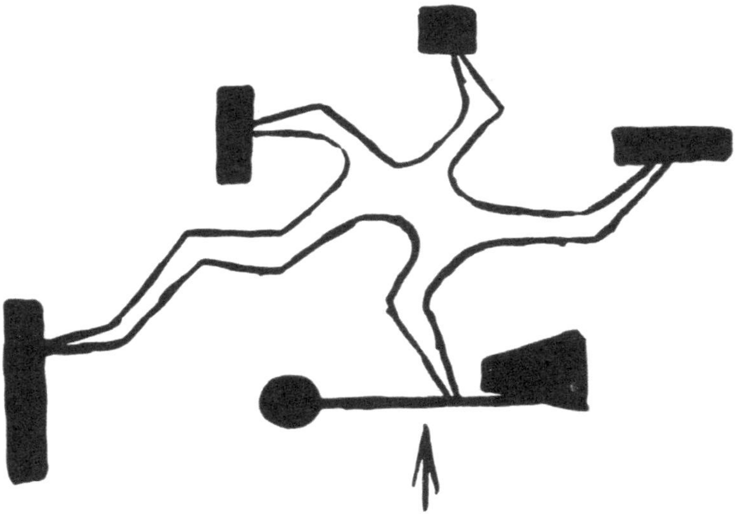

FIGURA 7: Conjunto arquitetônico do Parque Ibirapuera, São Paulo – primeira versão (1951-1954). Fonte: Papadaki, 1956: 129.

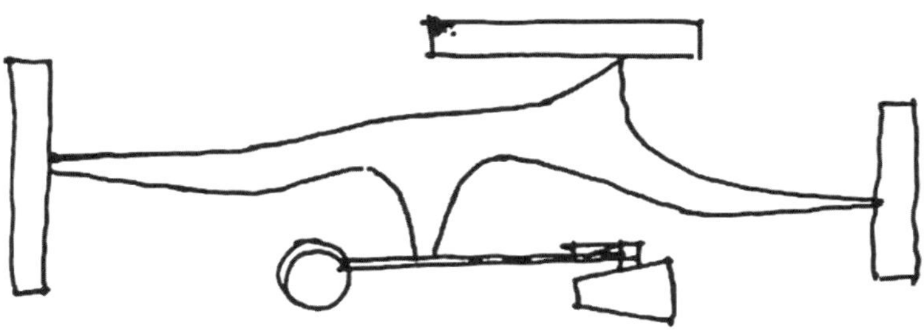

FIGURA 8: Conjunto arquitetônico do Parque Ibirapuera – versão definitiva (1951-1954). Fonte: Corona, 2001: 27.

ao movimento contínuo da marquise. Trata-se de uma estratégia de depuração da forma que já prenuncia o processo de revisão sobre seus procedimentos projetuais e formais a partir de 1954 (Figs. 7 e 8).

O ENCONTRO COM LE CORBUSIER EM 1955

Um episódio pouco conhecido, mas significativo para a compreensão das novas estratégias projetuais e formais adotadas por Niemeyer a partir da segunda metade da década de 1950, ocorre durante sua primeira viagem à Europa, empreendida no início de 1955: o encontro com Le Corbusier em seu ateliê na rue de Sèvres 35, em Paris. Esta visita marca o terceiro encontro dos arquitetos. O primeiro deles acontece no ano de 1936 na cidade do Rio de Janeiro, no quadro da realização dos projetos para a sede do Ministério da Educação e Saúde e da Universidade do Brasil. O segundo encontro ocorre onze anos depois, em 1947, na cidade de Nova York, ocasião em que ambos os arquitetos participaram do concurso para o projeto da sede da Organização das Nações Unidas.

Nesse terceiro encontro, Niemeyer depara-se com um arquiteto que parece resignado dos planos urbanos não executados e compreende o projeto como um ato monumental em si, como podemos observar em obras como a Capela de Notre Dame-du-Haut em Ronchamp (1947-1951), o Convento Dominicano de Sainte Marie de La Tourette em Eveux-sur--l'Abresle (1957) e os Palácios do Capitólio do Estado indiano de Punjab em Chandigarh (1952-1965).

Os trabalhos de Le Corbusier realizados a partir do projeto da Unité d'Habitation em Marselha (1945-1951) formalizam um discurso que já parecia descrente da validade do objeto arquitetônico como elemento modular e extensível, ideia presente em projetos não executados como o Immeuble Villa (Zurique, 1922), a Ville Radieuse (sem local, 1930), e em construções como o Pavilhão de l'Esprit Nouveau (Paris, 1925), todos caracterizados como uma experiência prototípica que fundia o aspecto quantitativo, dado pela sua serialidade, a preceitos de ordem qualitativa, que preservavam uma generosidade espacial em sua escala doméstica, mesmo sob a égide da estandardização. Segundo Allan Colquhoun (2004: 175), os projetos de Le Corbusier realizados posteriormente a Segunda Guerra Mundial apresentam

> [...] uma nova ênfase sobre o edifício isolado como um monumento singular estabelecido na natureza – não mais a natureza artificialmente "natural" dos primeiros planos para cidades, mas uma natureza já humanizada pelo cultivo e que continha evidências de uma tradição construtiva vernácula.

Para exemplificar a passagem de um purismo estilizado para uma aproximação à forma e à superfície arcaica e vernácula, Colquhoun utiliza como meio de comparação as diferentes "unidades métricas" implementadas pelo arquiteto em duas fases distintas: a proporção áurea aplicada nas fachadas das moradias da década de 1920 e o *Modulor*, que nos projetos que lançam mão da matéria bruta e da técnica artesanal, assume a condição de escala e medida. Segue trecho do autor:

> [...] enquanto na década de 20 o interesse de Le Corbusier por sistemas proporcionais havia assumido a forma de uma verificação *a posteriori* de superfícies regulares, após a guerra ela se tornou, com a publicação do Modulor, uma escala numérica que poderia conferir validade platônica aos menores detalhes e às formas mais irregulares (Colquhoun, 2004: 175).

Nos projetos de Le Corbusier para os edifícios governamentais que integram o centro cívico de Chandigarh, a volumetria não é consequência da formalização de um objeto puro, penetrado e subtraído de sua própria matéria, como nas *maisons blanches* da década de 1920. A aparência do objeto resulta do ordenamento de uma retícula que não está mais no interior de prismas ortogonais, mas assume uma organização em trama vertical vazada que configura o próprio volume.

A relação entre quebra-sóis gigantes e apoios monumentais será solução recorrente nos projetos tardios[11] de Le Corbusier. Nesses projetos, o retorno aos rasgos nos volumes puros e opacos da década de 1920 é evitado, ao mesmo tempo em que indica uma solução criativa para substituir a monotonia dos gigantescos panos de vidro. Segundo Sophia Silva Telles (1988: 25), "A enfática solução do *brise-soleil*, por outro lado, é um recurso funcional que atinge forte expressividade ao transformar a superfície em um plano ativado por luz e sombra".

O drástico efeito luminoso dado pelas peças de concreto, que refletem a luz e preenchem o interior de penumbra, enfatiza o caráter gráfico dessas composições, onde não há meios-tons: ou a superfície de concreto aparente reflete, ou está na penumbra. A solução do Palácio da Justiça, do Palácio dos Fiandeiros (Fig. 9) e da Assembleia de Chandigarh consiste em uma sobreposição de volumes: um menor – ora caixa transparente, ora opaca, circular ou espiral – contido no interior de outro volume maior, porém virtual, com uma configuração exterior dada pelo ordenamento de um peristilo de pilares escultóricos associado a quebra-sóis em retícula vertical ortogonal. Para Colquhoun (2004: 177):

11. Como o Centro de Artes Visuais da Universidade de Harvard – Carpenter Center (Cambridge, 1961) e o Palácio de Congressos em Estrasburgo (1964).

> [...] o *brise-soleil* era mais que um artifício técnico; introduzia um novo elemento arquitetônico na forma de uma parede grossa e permeável [...] cuja superfície podia ser manipulada, criando uma hierarquia de escalas, proporcional tanto ao ser humano como ao edifício como um todo.

Nos Palácios de Chandigarh, observamos a inversão da lógica interior/exterior presente nos projetos de Le Corbusier realizados durante a década de 1920. Ao inverter a relação entre volume e estrutura, Le Corbusier aproxima as experiências no Punjab da solução tipológica dos templos da Antiguidade clássica: o volume inscrito no interior de um perímetro definido por uma linha de pilares.

Com esse artifício, a monumentalidade não está associada exclusivamente à escala, mas vincula-se a um significado resgatado da Antiguidade, no qual o monumento assume nítida condição simbólica: construção coerente e proporcional que expressa sua lógica estética e matemática a partir das relações métricas presentes entre a totalidade da construção – vista em elevação – e o desenho do pilar; monumento individual que, quando contemplado à distância, integra um conjunto que ordena o desenho da elevação, juntamente com uma peça de proporção horizontal que arremata o limite vertical do conjunto.

FIGURA 9: Palácio dos Fiandeiros de Chandigarh (Le Corbusier, 1954). Fonte: Boesiger, 1957: 150.

Nos estudos de Le Corbusier para o Palácio da Assembleia de Chandigarh há a fusão do peristilo de pilares aos arcos parabólicos sucessivos, incorporando em um mesmo objeto as duas características primordiais da arquitetura clássica: o pilar e o arco. A condição escultórica dos pilares da Assembleia de Chandigarh está no caráter tridimensional proveniente da profundidade do arco de curvatura parabólica, que se inscreve na elevação retangular e horizontal[12]. No encontro de 1955, Niemeyer não se depara nem com a pedagogia dos *cinco pontos* presente no caso de 1936, e nem encara o momento como a chance de apresentar ao mestre sua obra inovadora, mesmo que inspirada no repertório corbusiano, como no encontro de 1947.

O ano de 1955, além de marcar a reunião de ambos os arquitetos em Paris, também marca o período de revisão crítica de Niemeyer que culminará nos projetos do Museu de Arte de Caracas e dos Palácios de Brasília. Essa nova estratégia projetual, identificada pela monumentalidade e pela concisão formal, parece estar intimamente ligada ao impacto de sua primeira viagem ao continente europeu, e ao contato

12. Presente em sua obra desde a Fondation Suisse na Cidade Universitária de Paris (cuja seção oblonga varia em cada par de pilares), passando pelos apoios trapezoidais de planta oval na Unité d'Habitation de Marselha.

revelador com os estudos de Le Corbusier para os palácios de Chandigarh.

Tanto 1936 como 1955 são momentos em que Niemeyer busca uma nova estrutura de linguagem para sua obra. No primeiro e no terceiro encontro, Niemeyer se reporta ao seu mestre como alguém em busca de uma direção. Caberá a Le Corbusier indicar as postulações que balizaram os dois itinerários distintos de Niemeyer: em 1936, quando compreende o legado purista de Le Corbusier como inspiração para a elaboração de um repertório formal que se multiplica em diversas derivações, e em 1955, quando reconhece o desgaste da formulação gestada em 1936, colocando-se novamente no papel de um discípulo atento, que se reporta ao mestre na tentativa de encontrar a direção para uma obra em reconhecido processo de desgaste.

O simbolismo e a monumentalidade monolítica e geométrica presentes nos estudos de Le Corbusier para Chandigarh indicam, para Niemeyer, uma possibilidade que redefine sua obra e institui um novo repertório formal que não substitui aquele interpretado na Pampulha, mas o incorpora como um componente de uma estratégia em gradual transformação, e que culminará nos projetos dos palácios de Brasília. Os primeiros estudos de Le Corbusier para a Assembleia de Chandigarh, datados de 1952, são publicados no quinto volume de sua *Œuvre Complète* (1953), que compreende os projetos realizados entre 1946 e 1952.

O arquiteto carioca nunca escondeu que acompanhou a trajetória de Le Corbusier a partir da apreciação de seus textos e seus projetos publicados: "[...] que tão bem definiam as suas ideias sobre arquitetura e urbanismo [...]" (Niemeyer, 2000: 15). Em outro trecho: "Lembrava Rodrigo[13] a me dizer: 'Oscar, leia os gregos e os clássicos portugueses'. E li, li muito. Li como quem nada sabe e tudo quer aprender. Li com a devoção com que lera, anos antes, a obra de Le Corbusier" (Niemeyer, 1998: 61). Em um artigo, intitulado "Le Corbusier", Niemeyer (1963: 23), mais uma vez, valoriza o papel dos escritos e dos projetos de Le Corbusier em sua formação:

> Começamos a tomar contato com a obra de Le Corbusier nos bancos da Escola Nacional de Arquitetura do Rio de Janeiro. Aí a estudamos, manuseando seus álbuns, procurando sentir suas intenções, tentando descobrir em cada traço, em cada curva, o objetivo arquitetural. Mesmo depois de formados há vários anos – sua obra

13. Referência a Rodrigo Melo Franco de Andrade: criador e primeiro diretor do Serviço do Patrimônio Histórico e Artístico Nacional (SPHAN), hoje Instituto do Patrimônio Histórico e Artístico Nacional (IPHAN).

permaneceu como uma espécie de guia, de tira-dúvidas, que consultávamos com frequência.

Constata-se desta maneira que Niemeyer, antes mesmo de encontrar Le Corbusier em seu ateliê de Paris, já havia tomado conhecimento dos estudos do arquiteto franco-suíço para os palácios que constituem o Capitólio de Chandigarh. Conhecimento acrescentado no instante em que Le Corbusier, na rue de Sèvres, apresentou para ele as fotografias da Assembleia de Chandigarh, como revelado por Oscar Niemeyer em passagens de diversos relatos e entrevistas:

> Lembro-o a dizer, certa vez: "Oscar, *você faz o barroco*, mas o faz muito bem". E vários anos depois: "Dizem que faço o barroco. Veja aquela fotografia da marquise do Congresso de Chandigarh, *não é qualquer um que pode fazer isso*" (Niemeyer, 1998: 96 – grifo nosso).

Provavelmente, tratava-se de imagens de modelos ou da obra ainda em fase inicial, pois a construção da Assembleia de Chandigarh não consta sequer no sexto volume de sua *Obra Completa*, onde estão publicados os projetos realizados entre 1952 e 1957. Nesse volume, o Palácio da Justiça já aparece concluído e o edifício do Secretariado ainda em obras; a Assembleia de Chandigarh está representada apenas em desenhos e fotografias de maquetes. Tanto os primeiros quanto os segundos não correspondem à solução definitiva.

Ao relatar esse episódio, Niemeyer sinaliza, de modo muito sutil, que Le Corbusier solidarizava-se com ele na experiência da forma livre, e ressalta a constante incompreensão do senso comum que insiste em conferir atributos barrocos às curvas modernas, seja na linha gestual de Niemeyer, seja pela incursão tardia de Le Corbusier no campo da expressividade plástica. Corroboramos com o ponto de vista de Niemeyer. O redirecionamento plástico de Le Corbusier é evidente, e em alguns casos possui uma clara afinidade com as soluções preconizadas por Niemeyer nos projetos realizados entre 1940 e 1954. Porém, gostaríamos de acrescentar a hipótese de que tanto os estudos como as versões definitivas para os edifícios que compõem o Capitólio de Chandigarh, além de registrarem a aproximação de Le Corbusier no campo da expressividade plástica, desempenharão uma influência crucial no processo de desenvolvimento de projeto de Oscar Niemeyer para os palácios de Brasília.

É certo que os palácios de Brasília exemplificam o conceito da "concisão e simplicidade" apregoado por Niemeyer em seu "Depoimento" de 1958. Os projetos desses palácios podem ser claramente compreendidos como resultado de um paulatino processo de depuração da forma. Contudo, devemos atentar para o fato da inexistência, nos projetos anteriores de Niemeyer, do partido tipológico adotado nos palácios de Brasília, caracterizado pela caixa de vidro contida no interior da projeção da cobertura plana, por sua vez envolvida por peristilo de pilares de perfil parabólico.

Tanto os *cinco pontos da arquitetura moderna* como o aspecto quase artesanal das investigações formais de Chandigarh serão compreendidos por Niemeyer como modelo: em um primeiro momento, de estrutura de um raciocínio em formação – caso do Pavilhão do Brasil em Nova York (1938--1939) e do Cassino da Pampulha – e, em um segundo período, quando a profusão de elementos curvilíneos acessórios dá lugar às formas simplificadas, resultantes da síntese entre partido formal e solução estrutural, identificada nos palácios de Brasília: revisão crítica que resulta em um nítido amadurecimento de linguagem. Essas considerações reafirmam o caráter pedagógico presente nas obras de Le Corbusier. Os exemplares puristas e a solução inversa presente em Chandigarh são conceitos que podem ser compreendidos como uma sucessão de operações que, por serem didáticas e elementares, assumem a dimensão de tipo: ao mesmo tempo em que permitem variadas interpretações, preservam o nexo entre a matriz e suas variações.

Em 1956, após sua viagem à Europa e sua experiência no ateliê de Le Corbusier em Paris, Niemeyer inicia os estudos para os palácios da nova capital brasileira. Em um primeiro estudo, realizado antes mesmo do concurso para o Plano Piloto de Brasília, Niemeyer elabora o projeto de um conjunto arquitetônico implantado à margem do Lago Paranoá, próximo do local onde, posteriormente, foi construído o Palácio da Alvorada. Com esse projeto estava garantida a Niemeyer a autoria dos edifícios componentes do centro cívico da futura capital (Fig. 10), independentemente no resultado do concurso para o Plano Piloto. Esse primeiro projeto era constituído de um palácio governamental, da residência presidencial, de uma igreja e de um hotel.

O projeto para o Palácio Governamental (não executado, Fig. 11) representa a primeira experiência de Niemeyer tributária à tipologia do cuboide de vidro contido na caixa de pilares escultóricos, preconizada por Le Corbusier no projeto da Assembleia de Chandigarh. A planta indica que o corpo de vidro transparente está rente à sequência de pilares parabólicos. Nessa versão do projeto, apesar da utilização dos pilares parabólicos – aparentes nas fachadas longitudinais –, Niemeyer ainda se mantém fiel à solução do volume ortogonal e suspenso, que identifica projetos como o Pavilhão das Indústrias e o Pavilhão dos Estados, integrantes do conjunto do Parque Ibirapuera. Tanto a residência como o hotel também indicam uma nítida filiação aos longilíneos pavilhões paulistas: bloco horizontal e suspenso, com marquise acoplada que demarca o acesso no pavimento térreo.

Nos palácios de Brasília, o apoio expressivo, antes configurado em V e presente no "térreo-livre" sob a projeção de volumes suspensos[14], assume a altura do próprio edifício, cujo corpo transparente encontra-se recuado e sombreado sob a laje de cobertura, solução que enfatiza a condição do apoio como imagem síntese do edifício.

O primeiro estudo de Niemeyer para os palácios de Brasília ainda não representa a plena incorporação da tipologia que identifica alguns palácios de Chandigarh, caracterizada pela caixa de vidro contida na caixa vazada de pilares expressivos. Esse primeiro estudo de Niemeyer é um registro exato do instante em que o arquiteto, em um mesmo projeto, ainda especula sobre seu repertório vigente entre 1940 e 1955, ao mesmo tempo em que flerta com as soluções postuladas por Le Corbusier em Chandigarh, ligadas ao simbólico e ao monumental, principalmente o uso das colunas parabólicas nas elevações principais dos edifícios.

Quando observamos a sequência de arcos parabólicos na elevação de uma das versões preliminares de Le Corbusier

14. Presente em projetos como o Hospital Sul-América e o Palácio da Agricultura no Parque Ibirapuera.

FIGURA 10: Centro Cívico de Brasília – primeira versão (1956). Fonte: Revista *Módulo* n. 6.

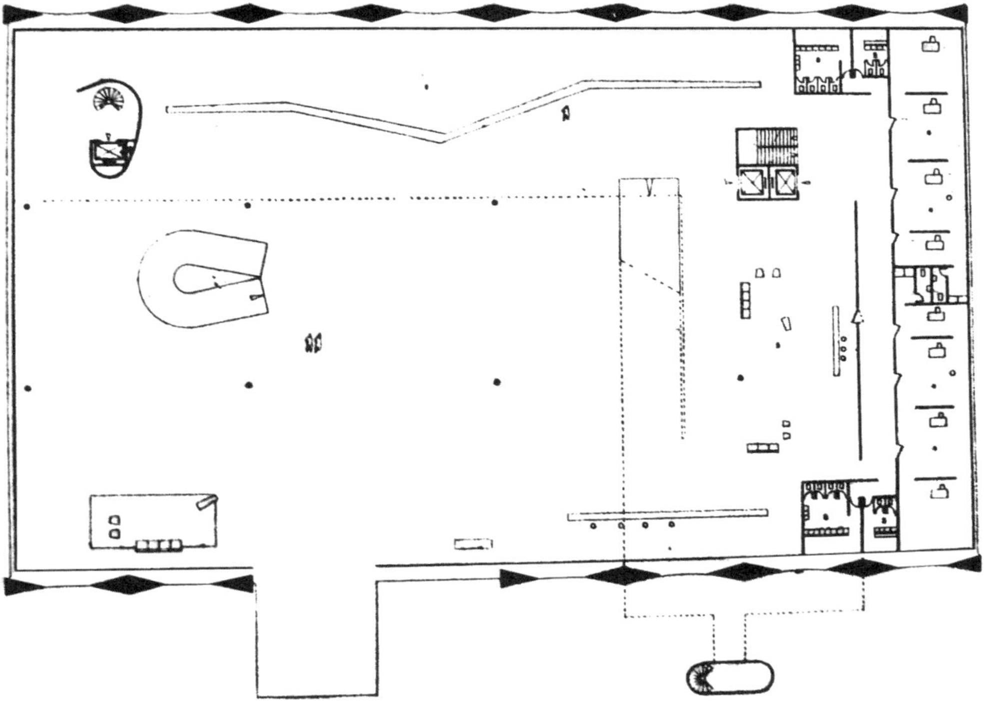

FIGURA 11: Palácio Governamental (primeira versão do Palácio do Planalto) – planta (1956). Fonte: Revista *Módulo* n. 6: 19.

para a Assembleia de Chandigarh, é inevitável a comparação com a sequência de pilares que preenchem as fachadas longitudinais dos projetos de Niemeyer para o Palácio Governamental e para o Palácio da Alvorada. O caráter escultórico do apoio é proveniente de um mesmo procedimento de desbaste da matéria, onde aflora a linha vertical, aresta coincidente ao eixo vertical de simetria dos apoios, seja no arco de Le Corbusier, seja na coluna de Niemeyer.

Ao inverter os arcos parabólicos de Le Corbusier, o carioca vincula o desenho do apoio do Palácio Governamental, e posteriormente do Palácio da Alvorada, à lógica presente em seus conhecidos apoios em V que se afunilam em direção ao solo. Nesses palácios, Niemeyer rebate o trecho encurvado da parábola no vão compreendido entre a plataforma suspensa e o chão, resultando em um desenho de uma peça parabólica que apenas toca a laje de cobertura e o solo, ao mesmo tempo em que mantém sua curvatura tangente à laje de piso suspensa (Figs. 12-18).

Podemos considerar que a ideia do apoio em parábola suspensa, presente no Palácio Governamental e, posteriormente, nos palácios da Alvorada, do Planalto e no Supremo Tribunal Federal, é uma interpretação que inverte da solução integrante do conjunto de estudos de Le Corbusier para

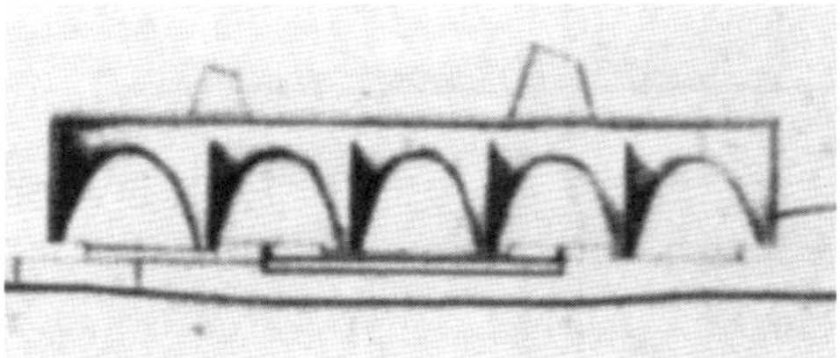

FIGURA 12: Assembleia em Chandigarh – primeiros estudos (Le Corbusier, 1951). Fonte: Boesiger, 1953: 145.

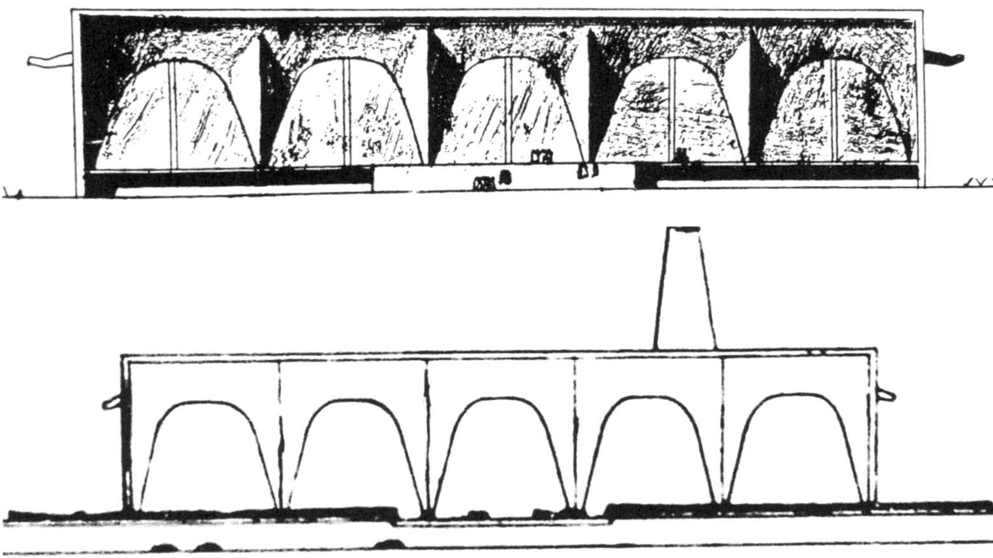

FIGURAS 13 E 14: Assembleia em Chandigarh – primeiros estudos (Le Corbusier, 1951). Fonte: Boesiger, 1953: 137.

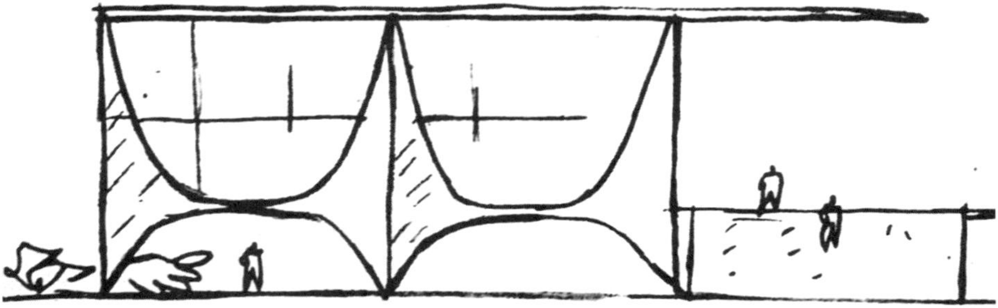

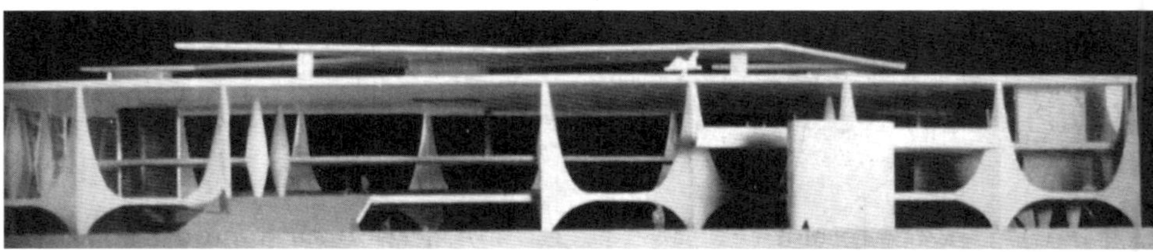

FIGURAS 15 E 16: Palácio Governamental, Brasília (não executado, 1956). Fonte: Revista *Módulo* n. 6: 19.

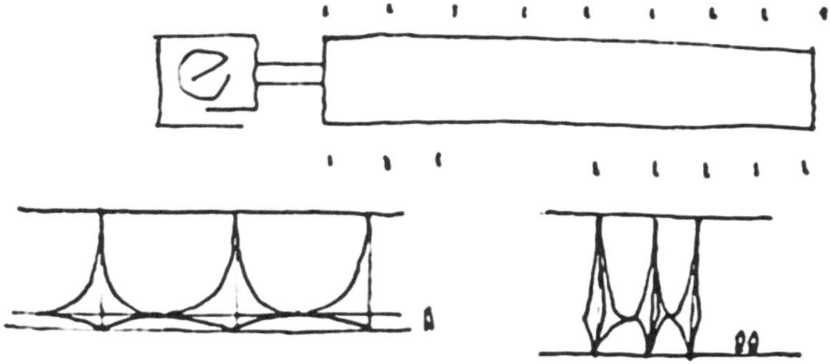

FIGURA 17: Palácio da Alvorada, Brasília (1957). Fonte: Revista *Módulo* n. 15: 12.

FIGURA 18: Palácio da Alvorada, Brasília (1957). Fonte: Corona, 2001: 75.

a Assembleia de Chandigarh e, consequentemente, vincula o desenho do pilar às pesquisas de Niemeyer sobre os apoios escultóricos em V, elemento arquitetônico que desaparece de seus projetos a partir desse período.

Devido à intensa profundidade da volumetria do arco escultórico de Le Corbusier para a Assembleia de Chandigarh, seu corte transversal resulta em um perfil em meia-parábola, perpendicular ao arco, que se afunila conforme ascende verticalmente. Com esse artifício, Le Corbusier concebe o apoio como uma escultura vazada que, vista de frente, representa uma sequência de arcos parabólicos, mas, em corte, descreve quase uma abóbada parabólica, perpendicular ao corpo principal do projeto.

A operação visual múltipla que Le Corbusier elabora em uma única proposta, seria interpretada por Niemeyer em dois projetos definitivos para os Palácios de Brasília: o Palácio do Planalto e o Palácio da Alvorada. Enquanto, no Palácio da Alvorada, Niemeyer realiza a inversão da elevação da Assembleia de Chandigarh, no Palácio do Planalto, o arquiteto inverte o pilar, não mais da elevação, mas do corte da Assembleia de Le Corbusier (caracterizado pela meia-parábola em curva que ascende verticalmente) ao posicionar os apoios perpendiculares à fachada. A parábola presente nas fachadas longitudinais do Palácio da Alvorada ilustra uma versão depurada daquela do Palácio Governamental, caracterizada por uma curvatura interrompida pela laje de piso do primeiro pavimento. A diferença entre as *modenaturas* presentes em cada parábola é flagrante. Esse é um exemplo cristalino da evolução do desenho de Niemeyer.

Nos projetos do Palácio da Alvorada, do Palácio do Planalto e do Supremo Tribunal Federal, Niemeyer se desvincula por completo do princípio do volume retangular, transparente e suspenso presente nos Palácios do Conjunto do Parque Ibirapuera e que ainda reverbera no projeto do Palácio Governamental. No Palácio da Alvorada, a inversão do arco parabólico não será a única interpretação que o carioca realiza sobre a Assembleia de Chandigarh. No corte transversal do projeto brasiliense, observamos a presença de um beiral côncavo, rebatido em ambas as faces. Esse tipo de solução já estava presente nos estudos de Le Corbusier para a Assembleia de Chandigarh, onde se nota o beiral côncavo na extremidade do volume regular, assim como no exemplar de Niemeyer.

O beiral côncavo rebatido, abrandando o gesto de Le Corbusier, não ilustra uma mera interpretação, mas uma conduta que depura em sutis perfis as tentativas embrutecidas de Le Corbusier de lidar com a curva. Será justamente o desenvolvimento do desenho desse beiral côncavo que fará com que Le Corbusier encontre a solução definitiva para a Assembleia, que, nem de longe, lembrará a sucessão de arcos parabólicos, solução que será aproveitada pelo arquiteto no projeto do Palácio da Suprema Corte de Chandigarh.

Nos três projetos definitivos de palácios (Alvorada, Planalto e Supremo), Niemeyer assume de maneira contundente o partido tipológico adotado por Le Corbusier para os palácios do Capitólio de Chandigarh (Fig. 19), na medida em que evidencia o recuo dos fechamentos verticais transparentes para o interior das lajes de cobertura e de piso. Com esse procedimento, a laje de cobertura transforma-se em um generoso beiral e a laje de piso torna-se plataforma (Figs. 20-22). Ao recuar o fechamento transparente, Niemeyer subverte a estanqueidade de um volume que perde suas faces. A elevação é agora ritmada por pilares parabólicos, sejam eles paralelos à fachada, em parábola inteira – Palácio da Alvorada –, ou perpendiculares, em meia-parábola – Supremo Tribunal Federal e no Palácio do Planalto.

Nesses três palácios (Alvorada, Planalto e Supremo), podemos diagnosticar com clareza a tipologia da caixa contida no interior de um perímetro demarcado por pilares escultóricos, utilizada por Le Corbusier nos palácios de Chandigarh. Apesar das semelhanças, não encontramos nos estudos de Le Corbusier a ideia de suspensão presente nos palácios de Brasília. Enquanto os palácios de Chandigarh emergem

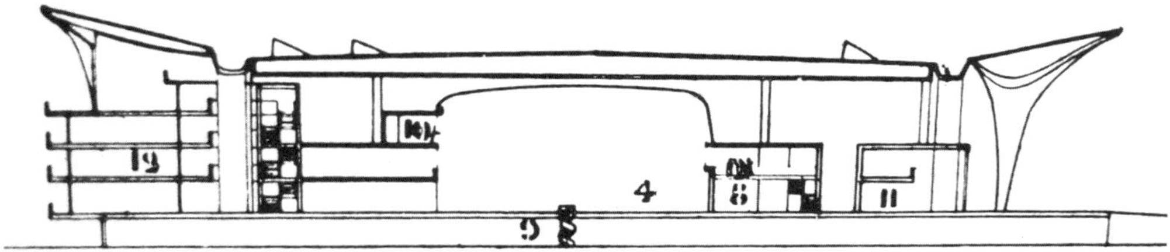

FIGURA 19: Assembleia em Chandigarh – primeiros estudos (Le Corbusier, 1951). Fonte: Boesiger, 1953: 137.

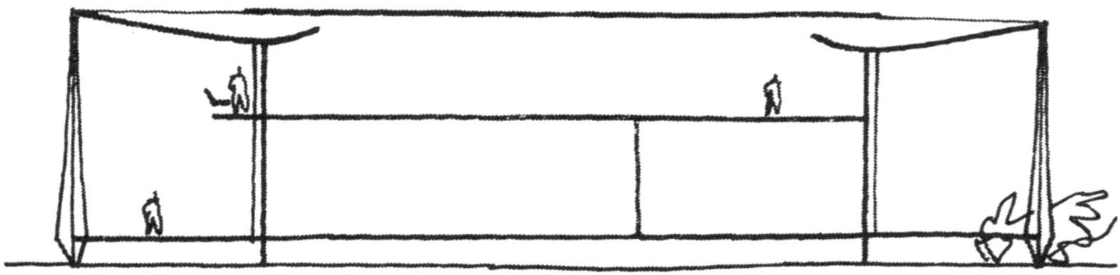

FIGURA 20: Palácio da Alvorada, Brasília – corte (1957). Fonte: Revista *Módulo* n. 7: 27.

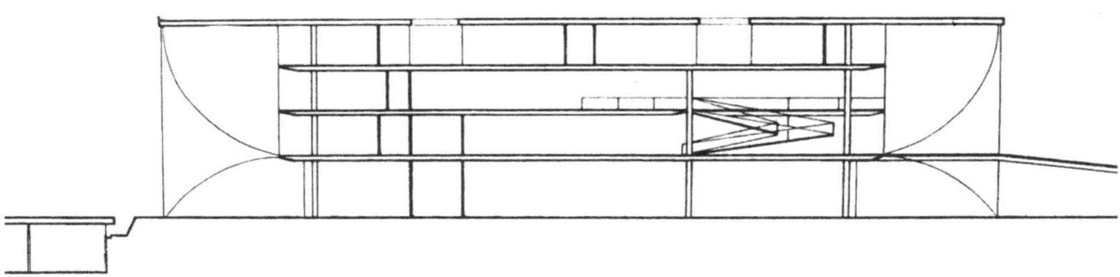

FIGURA 21: Palácio do Planalto, Brasília – corte (1957). Fonte: Revista *Módulo* n. 10: 10.

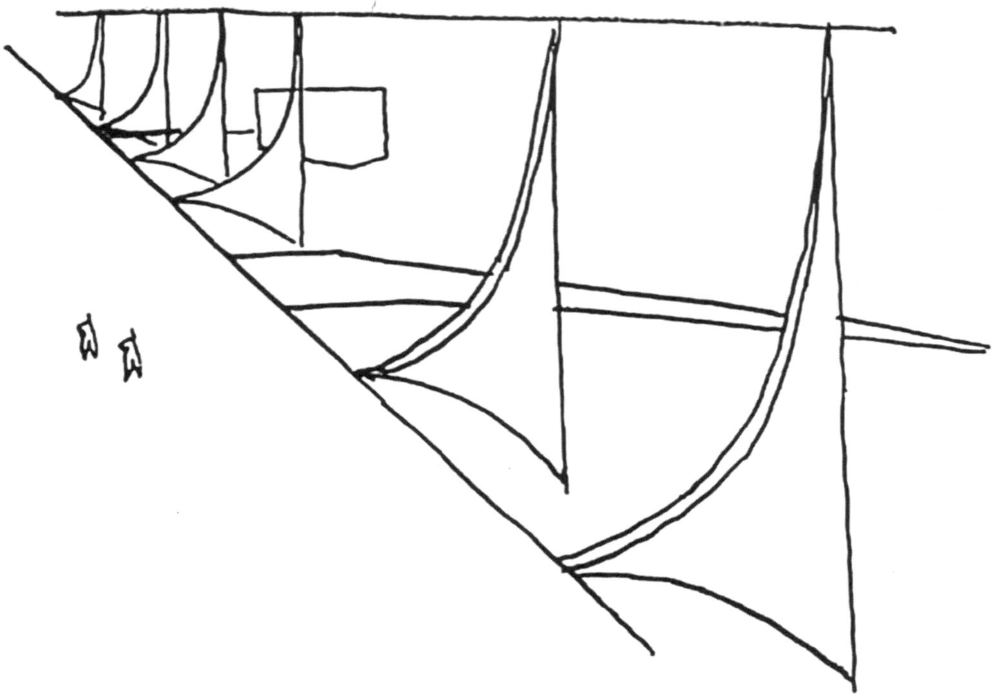

FIGURA 22: Palácio do Planalto, Brasília (1957). Fonte: Revista *Módulo* n. 15: 8.

vigorosos, como se brotassem do chão, os palácios de Brasília levitam, como se quisessem apenas tocar o solo. A sombra maciça da plataforma sobre o chão enfatiza essa sensação de suspensão.

Os palácios de Le Corbusier são tributários à configuração canônica dos templos da Antiguidade clássica, enquanto os palácios de Niemeyer representam uma evolução dos modelos de palácios e pavilhões presentes em sua própria obra (volume retangular, horizontal, transparente e suspenso) mas que incorporam, ao mesmo tempo, a tipologia e o peristilo de pilares escultóricos presentes nos palácios de Chandigarh.

Se os palácios da Alvorada, do Planalto e o Supremo Tribunal Federal representam uma interpretação livre, alva e aérea do partido tipológico e plástico presente nos estudos de Le Corbusier para os palácios de Chandigarh, o projeto de Niemeyer para o Ministério das Relações Exteriores, mais conhecido como Palácio do Itamaraty e construído após a inauguração de Brasília, parece ser o palácio que mais se aproxima de determinadas soluções presentes no projeto de Le Corbusier para a Suprema Corte de Chandigarh: peristilo de pilares em concreto aparente na forma de arcos sucessivos, cujas arestas se alargam, ganham volumetria, conforme se aprofundam sob a projeção da cobertura (Figs. 23-24).

No caso do Palácio do Itamaraty, não será apenas o partido tipológico e plástico que o aproximará da Suprema Corte de Chandigarh, mas também a utilização do concreto aparente, o qual impregna, na forma, a autenticidade de uma matéria que abre mão de qualquer tipo de recobrimento. O Palácio do Itamaraty representa uma versão arejada e delgada da solução presente na Suprema Corte de Le Corbusier caracterizada por arcos excessivamente espessos e embrutecidos (Fig. 25). Vale lembrar que o Palácio do Itamaraty foi projetado em 1962, posteriormente à inauguração de Brasília (que data de 20 de abril de 1960), enquanto os demais palácios de Brasília, incluindo a versão primitiva do Palácio Governamental, foram concebidos entre 1956 e 1957.

O primeiro grupo de palácios projetados por Niemeyer entre 1956 e 1957, compreendido pelo Palácio Governamental[15], Palácio da Alvorada, Palácio do Planalto e o Supremo Tribunal Federal, resultam do processo de revisão crítica de Niemeyer associado à experiência reveladora de conhecer os primeiros estudos de Le Corbusier para os palácios de Chandigarh no próprio ateliê do arquiteto em Paris, durante sua

15. Versão preliminar do Palácio do Planalto. Projeto realizado antes mesmo do concurso para o Plano Piloto.

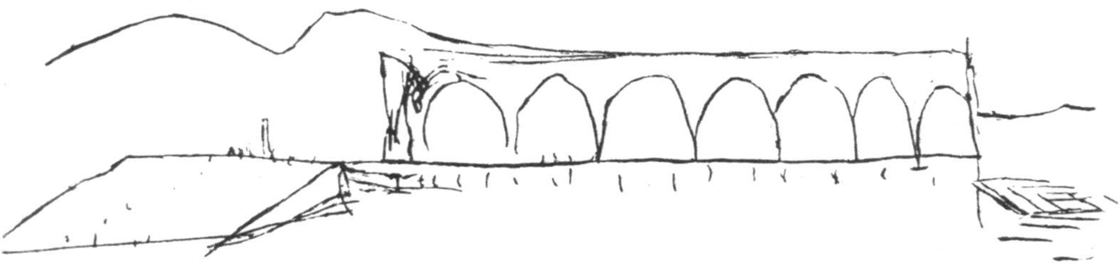

FIGURAS 23 E 24: Suprema Corte em Chandigarh (Le Corbusier, 1951-1955). Fonte: Boesiger, 1994: 212.

FIGURA 25: Palácio do Itamaraty – Ministério das Relações Exteriores, Brasília (1962). Fonte: Niemeyer, 1968: 24.

primeira viagem ao continente europeu. No caso do Palácio do Itamaraty, cujo projeto inicia-se somente em 1962, a referência não são mais os estudos de Le Corbusier para Chandigarh, mas a versão executada da Suprema Corte, com seus espessos arcos sucessivos em concreto aparente.

Em síntese, poderíamos aferir um diálogo contínuo no tempo entre as experiências dos centros cívicos das capitais de Le Corbusier e Oscar Niemeyer: enquanto os palácios de Niemeyer, projetados entre 1956 e 1957, faziam referência a uma Chandigarh presente na prancheta de Le Corbusier, o Palácio do Itamaraty, já passados alguns anos, adota como referência de tipologia e partido não mais o desenho de Le Corbusier, mas os palácios construídos, no caso a Suprema Corte de Chandigarh.

A experiência projetual dos palácios de Brasília representa o ponto de culminância da autocrítica de Niemeyer iniciada em 1954, onde o arquiteto revê os procedimentos e as soluções formais de seus projetos anteriores mas não os abandona por completo: reorganiza-os conforme princípios baseados na concisão e na simplicidade a partir da fusão entre forma e estrutura. Nessa revisão, Niemeyer preserva as soluções formais preconizadas na Pampulha. Porém os elementos presentes em seu repertório formal perderão o caráter de apêndice e a feição compositiva, assumindo a escala e o perfil da forma em sua totalidade, consequência de um traço vigoroso, contínuo e elementar. Aquela movimentação quase vibrante dá lugar à serenidade de um gesto pleno, único e monumental.

Na Pampulha, Niemeyer confere outro sentido arquitetônico ao vocabulário purista de Le Corbusier, justamente por definir um gesto que distende à escala do edifício uma forma até então reduzida à condição de elemento de composição. Entretanto, nos palácios de Brasília, o arquiteto brasileiro opera de modo quase inverso. A excessiva maleabilidade da forma e da matéria, que caracteriza os projetos de Le Corbusier para os palácios de Chandigarh, em Brasília é apaziguada na linha contínua e tranquila que define o contorno de uma superfície sem profundidade, oposta às curvaturas espessas e vigorosas projetadas por Le Corbusier poucos anos antes.

As duas estratégias de Niemeyer que definem suas duas matrizes projetuais mais paradigmáticas, a Pampulha e Brasília, resultam de interpretações distintas da obra de Le Corbusier. A Pampulha é a extroversão quase fantasiosa dos "objetos evocadores de reação poética", que Le Corbusier preserva internos a uma lógica formal tributária ao purismo, associada à livre manipulação do vocabulário formal identificado em seus projetos elaborados até 1930. No projeto mineiro, Niemeyer elabora um conjunto de formas-chave que expandirá ao infinito de possibilidades a plástica corbusiana. Nos projetos para os palácios de Brasília, Niemeyer opera de modo inverso. Mesmo preservando a tipologia clássica que identifica tanto os estudos como a proposta definitiva de Le Corbusier para os palácios de Chandigarh, Niemeyer reduz ao essencial a maleabilidade espessa daquelas formas.

Entretanto, tanto na Pampulha como em Brasília, é possível diagnosticar um procedimento comum que identifica o sentido da obra de Niemeyer para além da liberdade de suas formas. Em ambos os casos, a solução formal remete a uma inversão da lógica entre desenho e construção. Nesses projetos, Niemeyer transforma em linha aquilo que Le Corbusier insiste em definir como um volume que estrutura todo o espaço. A aresta do volume corbusiano, em Niemeyer, transforma-se na delgada espessura de um perfil que aflora em primeiro plano, tanto na Igreja de São Francisco de Assis, como no Palácio do Planalto, como um gesto desenhado na paisagem.

BIBLIOGRAFIA

Barros, Luiz Antonio Recamán de. *Oscar Niemeyer: Forma Arquitetônica e Cidade no Brasil Moderno*. São Paulo, FFLCH-USP, 2002. Tese de Doutorado.

Bill, Max. "Max Bill, o Inteligente Iconoclasta". Revista *Habitat* n. 12, São Paulo, setembro de 1953, pp. 34-35.

Boesiger, Willy. *Le Corbusier 1910-1965*. Barcelona, Gustavo Gili, 1971.

______. *Le Corbusier et Pierre Jeanneret: Œuvre Complète – 1910/1929*, vol. 1 (quatrième édition). Zurich, Les Éditions d'Architecture Erlebach-Zurich, 1946.

______. *Le Corbusier et Pierre Jeanneret: Œuvre Complète – 1929/1934*, vol. 2. Zurich, Les Éditions d'Architecture Erlebach-Zurich, 1935.

______. *Le Corbusier et Pierre Jeanneret: Œuvre Complète – 1934/1938*, vol. 3. Zurich, Les Éditions d'Architecture Erlebach-Zurich, 1939.

______. *Le Corbusier: Œuvre Complète – 1938/1946*, vol. 4. Zurich, Les Éditions d'Architecture Erlebach-Zurich, 1946.

______. *Le Corbusier – Œuvre Complète 1946-1952*, vol. 5. Zurich, Girsberger-Zurich, 1953.

______. *Le Corbusier et son Atelier Rue de Sèvres 35 – Œuvre Complète 1952-1957,* vol. 6. Zurich, Girsberger-Zurich, 1957.

______. *Le Corbusier et son Atelier Rue de Sèvres 35 – Œuvre Complète 1957-1965*, vol. 7. Zurich, Girsberger-Zurich, 1965.

______. *Le Corbusier: les Dernières Oeuvres – Œuvre Complète*, vol. 8. Zurich, Artemis-Zurich, 1970.

Botey, Josep Maria. *Oscar Niemeyer: Works and Projects.* Barcelona, Gustavo Gili, 1996.

Bruand, Yves. *Arquitetura Contemporânea no Brasil*. 3. ed. São Paulo, Perspectiva, 1999.

Cavalcanti, Lauro. *As Preocupações do Belo.* Rio de Janeiro, Taurus, 1995.

______ (org.). *Modernistas na Repartição*. 2. ed. Rio de Janeiro, Editora UFRJ/MinC-IPHAN, 2000.

______ (org.). *Quando o Brasil Era Moderno: Guia de Arquitetura – 1928/1960*. Rio de Janeiro, Aeroplano, 2001.

______. *Moderno e Brasileiro: A História de uma Nova Linguagem na Arquitetura (1930-1960)*. Rio de Janeiro, Jorge Zahar, 2006.

Colquhoun, Allan. *Modernidade e Tradição Clássica: Ensaios sobre Arquitetura*. São Paulo, Cosac Naify, 2004.

Le Corbusier. *The Chapel at Ronchamp*. London, The Architectural Press, 1960.

Corona, Eduardo. *Oscar Niemeyer: Uma Lição de Arquitetura (Apontamentos de uma Aula que Perdura Há Sessenta Anos)*. São Paulo, Fupam, 2001.

Costa, Lucio. *Lucio Costa: Documentos de Trabalho* (coord. José Pessoa). Rio de Janeiro, Edições do Patrimônio, IPHAN/Ministério da Cultura, 1999.

______. *Lucio Costa: Registro de uma Vivência*. São Paulo, Empresa das Artes, 1995.

Ficher, Sylvia & Acayaba, Marlene Milan. *Arquitetura Moderna Brasileira*. São Paulo, Projeto, 1982.

Frampton, Kenneth. *História Crítica da Arquitetura Moderna*. São Paulo, Martins Fontes, 1997.

Giedion, Sigfried. "O Brasil e a Arquitetura Contemporânea". *In*: Mindlin, Henrique E. *Arquitetura Moderna no Brasil*. Rio de Janeiro, Aeroplano, 1999, pp. 17-18.

Goodwin, Philip L. *Brazil Builds: Architecture New and Old, 1652-1942*. New York, The Museum of Modern Art, 1943.

Gorovitz, Matheus. *Brasília: Uma Questão de Escala*. São Paulo, Projeto/CNPq, 1985.

Harris, Elizabeth. *Le Corbusier: Riscos Brasileiros*. São Paulo, Nobel, 1987.

Katinsky, Júlio Roberto. *Leituras de Arquitetura, Viagens, Projetos*. São Paulo, fauusp, 1990. Texto submetido a concurso público para a obtenção do título de livre-docente.

Lissovsky, Maurício & Moraes de Sá, Paulo Sérgio. *Colunas da Educação: A Construção do Ministério da Educação e Saúde (1935-1945)*. Rio de Janeiro, MinC/Iphan/fgv/Cpdoc, 1996.

Niemeyer, Oscar. "Entrevista". *Módulo* n. 1. Rio de Janeiro, março de 1955, p. 47.

______. "Depoimento". *Módulo* n. 9. Rio de Janeiro, fevereiro de 1958, pp. 3-6.

______. *Quase Memórias: Viagens – Tempo de Entusiasmo e Revolta – 1961/1966*. Rio de Janeiro, Editora Civilização Brasileira, 1968.

______. *As Curvas do Tempo*. Rio de Janeiro, Revan, 1998.

______. *Minha Arquitetura*. Rio de Janeiro, Revan, 1998.

Papadaki, Stamo. *The Work of Oscar Niemeyer*. New York, Rheinhold Publishing, 1950.

______. *Oscar Niemeyer: Works in Progress*. New York, Rheinhold Publishing, 1956.

Pedrosa, Mário. *Dos Murais de Portinari aos Espaços de Brasília*. São Paulo, Perspectiva, 1981.

Pereira, Margareth Campos da Silva; Pereira, Romão Veriano da Silva; Silva, Vasco Pereira da; & Santos, Cecília Rodrigues dos. *Le Corbusier e o Brasil*. São Paulo, Tessela/Projeto, 1987.

Queiroz, Rodrigo. *Oscar Niemeyer e Le Corbusier: Encontros*. São Paulo, fauusp, 2007. Tese de Doutorado.

______. *O Desenho de um Processo: Os Estudos de Oscar Niemeyer para o Projeto do Congresso Nacional de Brasília*. São Paulo, eca-usp, 2003. Dissertação de Mestrado.

Segawa, Hugo. *Arquiteturas no Brasil 1900/1990*. São Paulo, Edusp, 1997.

Telles, Sophia Silva. *Arquitetura Moderna no Brasil: O Desenho da Superfície*. São Paulo, FFLCH-USP, 1988. Dissertação de Mestrado.

______. "Oscar Niemeyer: Técnica e Forma". *Óculum* n. 2. Campinas, PUCCAMP, 1992.

______. "O Desenho: Forma e Imagem". *Revista AU* n. 55. São Paulo, agosto/setembro de 1994.

Tinen, Nelci. *O Alvo do Olhar Estrangeiro: O Brasil na Historiografia da Arquitetura Moderna*. João Pessoa, Manufatura, 2002.

Valle, Marco Antonio Alves do. *Desenvolvimento da Forma e Procedimentos de Projeto na Arquitetura de Oscar Niemeyer (1935-1998)*. São Paulo, FAUUSP, 2000. Tese de Doutorado.

Xavier, Alberto (org.). *Depoimentos de uma Geração*. São Paulo, Cosac Naify, 2003.

______ (org.). *Lucio Costa: Sobre Arquitetura*. Porto Alegre, Centro dos Estudantes Universitários de Arquitetura, 1962.

O ESPAÇO SAGRADO EM OSCAR NIEMEYER E ALGUNS DOS SEUS DESDOBRAMENTOS NA AMÉRICA LATINA

Ingrid Quintana Guerrero

[...] Eis que os céus, e até o céu dos céus, não te poderiam conter, quanto menos esta casa que eu tenho edificado

1 REIS 8:27

Tão espessa quanto a mata que habita as fronteiras geográficas entre o Brasil e seus vizinhos hispânicos é a invisível muralha que divide seus universos conceituais. Como aponta Mônica Junqueira de Camargo para o contexto brasileiro[1], a bibliografia euro e anglo-centrista foi o veículo pelo qual os arquitetos locais tiveram notícia do que estava sendo construído em outros locais do continente centro e sul-americano. Contudo, a inusitada apreensão das propostas brasileiras por parte de críticos e especialistas do mal denominado Primeiro Mundo – cuja arte e arquitetura, como alternativa à cultura de massas –, fez com que essas fronteiras se espalhassem, pelo menos em sentido para o "Colosso do Sul". Nesse quadro, o presente texto propõe-se indagar as relações entre algumas realizações e projetos do mais célebre arquiteto brasileiro,

1. Cf. Mônica Junqueira de Camargo, "Brazilian Presence in the Historiography of Twentieth Century Architecture", DOCOMOMO *Journal*, vol. 34, Paris, 2006: 66-71.

Oscar Niemeyer, e obras concebidas por arquitetos classificados como *modernos*, espalhadas em diferentes pontos da América Latina. O fio condutor, em ambos os casos, serão os programas de caráter religioso.

A DIMENSÃO ESPIRITUAL DA OBRA DE NIEMEYER

É possível falar do caráter sacro na arquitetura de um personagem como Oscar Niemeyer que, em relação a sua vasta produção, não apenas concebeu poucas obras religiosas[2] (aparentemente na contramão de qualquer programa moderno), mas expressou sua condição ateia em inúmeros depoimentos?[3] Ao contrário do preconceito que existe sobre o arquiteto por parte de alguns setores da crítica especializada – isto é, dele como figura extremamente mundana –, o

2. No livro *Igrejas de Niemeyer* (Niemeyer, 2011), apresentam-se dezesseis projetos, selecionados pelo arquiteto, para diferentes denominações cristãs, entre católicas, ortodoxas e evangélicas, além de encargos mais complexos: espaços para o estudo e o convívio (Centro Espiritual Dominicano em Sainte Baume – França, 1967 –, o convento para a mesma fraternidade em Brasília – Faculdade de Teologia, 1960). Outros projetos considerados de caráter religioso são os altares para a primeira missa (1957) e a missa papal (1991) na Capital Federal e o Memorial à Bíblia (1987), na mesma cidade.
3. Por exemplo ver: "Respostas a Jornalistas" (Petit, 1995: 304); "O Pequeno Niemeyer Ilustrado: Religião" (Petit, 1995: 62) e "Sainte Baume" (Petit, 1995: 38).

ato criador em Niemeyer é, segundo Underwood (2002: 9), um fato espiritual. Certamente, nesse sentido, Niemeyer representou os valores "dionisíacos" que distinguem a cultura brasileira internacionalmente: sibarita, gozador e imprevisível. Em compensação, a dimensão espiritual dos indivíduos, que pensadores do século XIX tentaram definir como a consciência sobre si mesmo, como aquilo que diferencia a humanidade de outros entes dotados de inteligência e sentimentos (o *geist*, segundo os idealistas, retomando o princípio do *logos*, fundamento do estoicismo), reflete uma preocupação generalizada pela sua transcendência. Esta residiria, no caso de Niemeyer, em uma negação da morte[4] e, portanto, na tentativa de se aferrar a esta Terra (ao qual parece ter correspondido a longevidade do arquiteto), mediante o diálogo com a "presença monumental da natureza" (Underwood, 2002: 9).

Trata-se de uma questão mais profunda que uma simples filiação religiosa: no país com o maior número de fiéis católicos do mundo, todo brasileiro teve algum contato, por

4. O próprio Niemeyer (*apud* Petit, 1995: 26-27) expressa esta condição, respondendo negativamente à pergunta "Você acredita na morte?" do famoso *Questionário Proust*. Reitera-se esta resposta quando, a outra questão posterior ("como você quer morrer?"), ele responde: "Ninguém quer morrer".

mínimo que seja, com a adoração à Nossa Senhora Aparecida ou ao Senhor do Bomfim, ou então com alguma das milhares de denominações evangélicas que fazem sucesso nesta parte do continente há alguns anos. Nessa pátria, ninguém, incluído o arquiteto carioca – que fez tudo para fugir de qualquer confissão ocidental –, pode negar que, em maior ou menor medida, foi devoto de algum orixá[5] ou, pelo menos, de um time de futebol (o Fluminense Football Club, no caso de Niemeyer)[6].

O ceticismo do "gênio nacional" (apelido conferido por Lucio Costa) foi, com certeza, não apenas eco da tendência positivista de sua geração, mas contestação às tradições de infância: em um Rio de Janeiro que, apesar do seu impulso industrializante, ainda não se sublevava do jugo colonial (Underwood, 2002: 20), o pequeno Oscar estudou em um colégio de padres (Petit, 1995: 62) e participou de missas semanais,

5. É importante lembrar que o Candomblé e a Espírita, conjunto de rituais de origem africana considerados como pagãos, são reconhecidos hoje como religiões oficiais no Brasil.

6. A esse respeito, e fornecendo dicas para o entendimento de Niemeyer, Jean Petit (1995: 15) escreve: "Você deve compreender o futebol, paixão brasileira, e saber que Juscelino Kubitschek, então presidente, interrompeu suas audiências quando o Brasil ganhou a Copa do Mundo em 1958, enquanto as igrejas ressoavam de ações de graças [...]; você deve compreender o candomblé, essa cerimônia proveniente de Ritos Africanos".

na sala da sua casa em Laranjeiras, "que ressonava as salve--rainhas da sua avó" (Petit, 1995: 21). A velhinha, por sua vez, tinha embutido um oratório na zona social do lar, permitindo que os vizinhos e parentes participassem do ritual. Justamente, a devoção católica dos avôs de Niemeyer foi fundamental para sua ideia de solidariedade diante da população carente, legitimada mediante sua militância no comunismo[7].

Contudo, o arquiteto carioca nunca negou que gostaria de ter acreditado em algo além de postulados políticos e artísticos[8]. Isto nunca aconteceu, como na maioria dos seus contemporâneos, devido à impossibilidade de aceitar que um deus criador permitisse a degradação da sua própria obra[9]. Daí que

7. "[...] a lembrança daqueles velhos tempos, dos amigos – em sua maioria católicos – que nos frequentavam deixou-me a ideia de que se tratava de gente boa e bem intencionada, que manifestava uma atitude generosa diante da pobreza, sem a revolta que em mim passou a dominar" (Niemeyer, 2011).

8. "[...] respeito a religião, bem gostaria de acreditar, mas acho que a ciência pode explicar tudo. Apesar disso, mantive a curiosidade de ler obras de inspiração religiosa. Li Teilhard de Chardin. Não encontrei resposta, mas penso que é importante" (Niemeyer *apud* Petit, 1995: 62); "[...] sempre tive uma certa atração pelos problemas religiosos, uma tendência a meditar nas coisas em que intimamente gostaria de acreditar. Agora que a Igreja se interessa pelos problemas da nossa época, essa tendência está se acentuando" (Niemeyer *apud* Petit, 1995: 38).

9. "[...] a ciência é tão profunda e a vida tão hostil que eu acabo me perguntando, como nosso irmão Vinicius de Morais, 'Se for para desfazer, por que é que fez?'" (Niemeyer *apud* Petit, 1995: 304).

Niemeyer finalmente acolhesse a beleza feminina como sua fé pessoal, e as curvas sensuais, tanto da paisagem fluminense[10] quanto da "mulher amada" (Niemeyer, 2000: 17), como seu respetivo ícone de culto.

Num certo sentido, seu principal mestre (pelo menos no que tange à arquitetura), o franco-suíço Le Corbusier, que, contrariamente ao seu discípulo, não se declarou ateu, mas agnóstico[11], também fez de sua exploração plástica, uma peregrinação à sensualidade. Ao não serem práticas no seu dia a dia como Niemeyer, "Corbu" encarou com dificuldade a projeção de um lugar para o louvor, a oração e o recolhimento. O ceticismo do principal propagandista da arquitetura moderna, expresso no seu livro *Precisões Sobre um Estado Presente da Arquitetura e do Urbanismo,* de 1930[12], contrasta

10. "As formas da natureza nos projetos de Niemeyer revelam a forte presença do mundo antigo (normativo). Daí a sempiterna proximidade de Niemeyer com o poder [...]. Como um ateu amigo de Deus, Niemeyer transita entre a cópia deliberada das 'formas naturais' (com objetividade), e a invenção sutil da modernidade (mais subjetiva e particular)" (Montiel, 2009).

11. No pequeno texto de 1946 "L'Espace Indicible" (s.p.), Le Corbusier não nega a fé, simplesmente confessa a ausência desta na sua vida: "J'ignore le miracle de la foi, mais je vis souvent celui de l'espace indicible, couronnement de l'émotion plastique".

12. "O dogma bíblico que começa definindo como pecado a lei natural da natureza, o ato fundamental de fazer o amor, apodreceu nossos corações" (Le Corbusier, 2004: 40).

com a persuasiva imagem de seus principais e tardios projetos religiosos: as igrejas de Notre-Dame du Haut em Ronchamp (1950-1955) e Saint Pierre em Firminy (1960-2006); o Convento de Sainte Marie de La Tourette em Eveux-sur-l'Abresle[13] (1953). Quiçá ignorando[14] que o ato sexual não só é, segundo a própria Bíblia, uma criação divina[15], mas um mandamento[16] e ainda uma exortação[17], a visão cosmogônica

13. A proporção de projetos religiosos de Le Corbusier é ainda menor que o de Niemeyer, se comparado com a quantidade total de suas propostas. Entre aqueles que ficaram no papel, encontra-se a basílica para a cidade de Sainte-Baume (1948), uma igreja em Bologna (Itália, 1962), e uma capela funerária para a família Delgado-Chalbaud em Caracas (Venezuela, 1957).

14. Fato pouco provável considerando a erudição literária do arquiteto desde sua juventude, na qual recebeu aulas de catequese, como consta em *Precisões* (2004: 24), e das quais apenas lembrava, parafraseando Mateus 18: 6, das seguintes palavras de Jesus: "Se alguém escandalizar um destes pequeninos que acreditam em mim, será preferível que lhe amarrem uma pedra no pescoço e o joguem no fundo do mar". No entanto, vale a pena advertir que sua visão da vida do Cristo corresponde principalmente à leitura dos *Grands Initiés* de Edouard Schuré, em 1911, durante sua famosa Viagem Util (cf. Charles-Édouard Jeanneret, *Viagem do Oriente*, São Paulo, Cosac Naify, 2007).

15. Ver Gênesis 1: 28, 27. Cita-se, neste texto, a versão em português Almeida, Corrigida, Revisada e Fiel (1994).

16. Ver Gênesis 1: 28, 24-25.

17. Além do erotismo de livros como o Cantar dos Cantares, citações do Novo Testamento dão conta deste aspecto, por exemplo ver 1 Coríntios (7: 4-5): "A mulher não tem poder sobre o seu próprio corpo, mas tem-no o marido; e também da mesma maneira o marido não tem poder sobre o seu próprio corpo, mas tem-

desse primeiro Corbusier coincidia com a concepção cartesiana da sexualidade do arquiteto austríaco Adolf Loos expressa nos polêmicos artigos que ele publicou na primeira década do século XX, ou seja a relação entre a simbologia cristã (sintetizada na cruz) e a cópula, traduzida na linguagem artística como ornamento elementar:

> Toda arte é erótica. O primeiro ornamento urgido, a cruz, tem uma origem erótica. A primeira obra de arte, a primeira ação artística do homem foi riscar na parede para se liberar dos seus excessos: um traço horizontal, a mulher deitada. Um traço vertical, o macho que a penetra. Aquele que criou esta imagem foi alavancado como Beethoven, esteve no mesmo céu no qual Beethoven criou a *Nona Sinfonia* (Loos, 1972 – tradução nossa).

Esta concepção coincide, paradoxalmente, com a visão católica hispânica e sua tentativa, desde a descoberta do Novo Mundo, de representar a origem do universo a partir da fundação de cidades cujo traçado de quarteirões *en damero* reproduz o esquema cartesiano da Nova Jerusa-

-no a mulher. Não vos priveis um ao outro, senão por consentimento mútuo por algum tempo, para vos aplicardes ao jejum e à oração; e depois ajuntai-vos outra vez, para que Satanás não vos tente pela vossa incontinência".

lém, a cidade celeste (descrita no capítulo 21 do Apocalipse). O ato fundador consumava-se na incrustação, na terra, de uma vara (*picota*), cuja conotação fálica remete aos signos na paisagem de arquiteturas do Mundo Antigo, entre eles os obeliscos adotados na própria silhueta urbana do Vaticano. O encontro entre a horizontal (o solo) e a vertical (a vara) recria a primeira cruz que, segundo Loos, simboliza o ato sexual.

Justamente, uma obsessão pelo ângulo reto perseguiu os primeiros quinquênios da produção arquitetônica do Le Corbusier, onde parecia tentar responder não só às demandas do purismo (termo cunhado por ele e pelo seu colega, o pintor francês Amédée Ozenfant, na tentativa de estabelecer uma nova vanguarda pictórica), mas do puritanismo, próprio da sociedade judeu-cristã da época. Aos poucos, Le Corbusier privilegiaria formas mais livres que, além de coincidirem com suas experiências latino-americanas (entre elas sua passagem pelo Rio de Janeiro e o primeiro encontro com Oscar Niemeyer, que aconteceu nessa cidade em 1936), derivam-se de sua admiração precoce pelo barroco. Porém, é o caráter feminino da arquitetura religiosa, expresso na veneração à Virgem Maria (a quem foram consagrados todos os monastérios do Monte Atos, que o jovem Charles-Édouard Jeanneret – nome original do arquiteto – visitou em 1911 com marcantes consequências na sua arquitetura[18]), aquilo que enriquece a obra do Corbusier do segundo pós-guerra, particularmente em La Tourette e Ronchamp, capela cujos vitrais, feitos pelo próprio arquiteto, contavam com motivos marianos. Decerto esse inesperado fanatismo não se apoiava em favores recebidos por ele da mãe de Jesus, mas do tácito erotismo introduzido pela figura da *madonna* na arte a partir do Quattrocento, derivado por sua vez da robusta morfologia da arte clássica. Desta maneira, um caminho totalmente carnal aproximava a arquitetura mais intimista de Le Corbusier de uma das premissas do Barroco: a da arte como arma sedutora do Catolicismo na Contrarreforma.

David Underwood aborda esta questão indicando que, "implícita na alternativa não formulada por Le Corbusier [...ao] dogma repressivo [descrito linhas acima] está a sugestão de que a liberdade sexual, assim como a artística, são valores centrais do artista moderno" (2000: 42). Se levarmos em conta a etimologia do termo *religião* como o ato de ligar de novo (interpretação de Lactâncio e Agostinho a partir da raiz latina *re-ligare*), a sugestão de Underwood no que diz respeito ao ato sexual e reprodutivo como ritual corbusiano e também à

18. Vários desenhos esboçados nessa viagem foram usados pelo arquiteto para ilustrar as ideias geradoras da sua própria versão de monastério.

mulher como principal fonte de inspiração plástica para o carioca[19]. Aliás, em um certo sentido, os famosos esboços de Niemeyer, que fundem a exuberante paisagem do Rio de Janeiro com as voluptuosidades de moças nuas, além de alimentarem a iniciativa de transformação topológica em vários dos seus projetos, remetem à leitura loosiana do erotismo como impulso criativo primário, evocando, com a linha do horizonte, a mulher deitada que o macho penetra. Trata-se, no entanto, de um horizonte acidentado, sinuoso, que entra muito cedo no repertório formal do arquiteto e larga rapidamente a linguagem racionalista cartesiana própria do Corbusier purista e dos primeiros projetos do próprio Niemeyer, entre eles a Obra do Berço (Rio de Janeiro, 1937). Os riscos deste último, próximos dos gestos primitivos descritos no famoso diálogo entre Sócrates e Fedro imaginado por Paul Valéry[20], insinuam

19. Inconscientemente, Niemeyer obedecia a um dos principais mandamentos divinos no Antigo Testamento, ao reconhecer a reprodução da espécie como principal objetivo da humanidade: "A arquitetura é o meu *hobby* permanente, mas acho que o homem nasceu para reproduzir, como os outros animais sobre a terra. E é por isso que a mulher é seu objetivo principal. Ela é parte de minha vida e minha arquitetura" (Niemeyer *apud* Underwood, 2000: 42).

20. Extrato de Eupalinos ou o arquiteto comentado pelo próprio Corbusier: " 'Se eu pedisse para você, Fedro, que pegasse um pedaço de giz ou carvão e desenhasse, na parede, o que desenharia? Qual seria o seu primeiro gesto?' E Fedro pega um pedaço de carvão e rascunha no muro enquanto responde: 'Eu acho que fiz uma

o papel masculino dos seus próprios projetos, ao pousar contundentemente sobre o terreno. Assim, o mote "sedutora", conferido por Corrêa do Lago à arquitetura de Niemeyer[21], faz sentido plenamente.

Pois bem, nas semanas que antecederam o falecimento de Le Corbusier, em agosto de 1965, e redigindo *Mise au Point*, seu último texto[22], o mestre franco-suíço fez menção a uma pintura mural de Buonamico Buffalmaco, vista no campo-santo de Pisa em 1911 – *O Juízo Final* – e introduz uma frase do Apocalipse que, mesmo acreditando que "il n'y a pas de signes glorieux dans le ciel" (Le Corbusier, 1966), descreve o que pareceria ser a antessala do seu próprio comparecimento no tribunal celestial: "fez-se silêncio no céu quase por meia hora" (Apocalipse 8:1). Trata-se de uma citação que vai além do meramente religioso ou iconográfico, respondendo à ati-

linha de fumaça que vai, volta, enreda-se em si mesma e me parece como um capricho sem motivo, sem começo nem final, sem maior significado do que a liberdade do meu gesto no rádio do meu braço' " (Le Corbusier, "L'Esprit Nouveau en Architecture", *Almanach d'Architecture Moderne*, Paris, 1925 – tradução nossa).

21. "[...] embora seja de grande sofisticação e complexidade, a arquitetura de Niemeyer é essencialmente sedutora, por sua beleza, impacto e surpresa" (Lago, 2007).

22. Publicado pelas Éditions des Forces Vives um ano depois do falecimento de Le Corbusier, 1966, em edição dirigida por Jean Petit, que também organizou *Niemeyer, Poeta da Arquitetura* (livro publicado em comemoração do nonagésimo aniversário do arquiteto brasileiro).

tude enigmática – "inefável", nas palavras de Le Corbusier; "surrealista", nas de alguns críticos e historiadores – que se percebe nos últimos anos da sua produção. Evidencia-se assim uma pesquisa que poderia ser reconhecida como de ordem espiritual, ao fugir tanto da razão quanto da paixão e se posicionar nas antípodas dos motivos que impregnaram a obra corbusiana a partir dos primeiros contatos do seu autor com a cultura brasileira, em suas viagens ao Novo Continente: mulheres, música, paisagem.

Em 2011, no ano anterior ao seu falecimento, Oscar Niemeyer publicou uma compilação de dezesseis projetos religiosos, entre igrejas e capelas. Segundo o arquiteto, tratava-se de uma tentativa de justificar sua participação, mais frequente nos últimos anos, em empreendimentos com programas dessa natureza. Apesar da firmeza do seu ceticismo[23], esta atitude parece, como em Le Corbusier, um

23. "A ideia de um Deus todo-poderoso, criador de todas as coisas, havia desaparecido do meu pensamento. Mas a visão de um ser humano tão frágil e desprotegido, diante deste universo fantástico que o cerca, levava-me a acompanhar as conquistas da ciência, empenhada em desvendar os mistérios do cosmos e de nossa própria existência. Tudo isso explica a minha postura compreensiva e quase indulgente em relação aos que creem num Deus invisível e onipotente, aceitando, conforme tem acontecido, projetar uma igreja, uma catedral ou uma simples capela [...]" (Niemeyer, 2011).

gesto premonitório diante da iminência da morte; um esforço por compreender o universo místico que envolveu seu círculo afetivo e que, somente no ocaso de sua vida, parecia atingi-lo:

> Quando projeto uma catedral, reconheço que o prazer que sinto em ver uma obra bem realizada é muito menor do que a importância que lhe dão aqueles que vão frequentá-la, pois é ali que acreditam estarem perto de Deus. Para eles, o ser supremo que, onipotente, tudo criou (Niemeyer, 2011: 8).

Construir o Intangível

Com o desenvolvimento das principais teses estéticas aplicadas à arte na segunda metade do século XVIII, autores como Georg Wilhelm Hegel tentaram aprofundar a dimensão transcendente da arquitetura. Ao construir uma periodização da arquitetura ocidental (sem dúvida influenciado por sua formação protestante), o filósofo alemão propôs uma categoria intitulada "Arquitetura Romântica", que ele definiu como aquela capaz de abrigar o espírito divino[24] e que abrangia as

24. "Esta casa de Dios, este edificio arquitectónico, se muestra en general conforme a su destino, perfectamente apropiado al culto y a otros usos; pero su carácter

catedrais medievais. No entanto, textos pioneiros na definição sobre o sublime e o belo (como os de Edmund Burke e Immanuel Kant) ilustraram, com exemplos bem mais cotidianos, a possibilidade de uma obra ou objeto nos comover mediante operações sutis sobre nossos sentidos. Daí que *espaço sublime* seja um termo insuficiente para falar na questão que nos concerne.

A *Fenomenologia do Espírito* hegeliana é contestada pelo pessimismo de Arthur Schopenhauer, que apoiou-se no conceito de *númeno* (negando qualquer dimensão intangível da existência) para entender a tarefa arquitetônica, não como uma questão espiritual mas metafórica, o que parece se encaixar com a ideia de *arquitetura simbólica*, reconhecida por Hegel nas obras do mundo antigo, nas quais a produção edilícia pós-moderna sinalou suas origens. Daí que hoje muitas obras de caráter "religioso" transmitam mensagens codificadas pelo visual, mas não por uma experiência "espiritual".

Em compensação, ambos os caracteres coabitam na produção de Oscar Niemeyer: por um lado, a onda de propostas não executadas para edifícios religiosos que ele fez nas duas

propio consiste en que se eleva por encima del simple destino utilitario, perfecto en sí, independiente y absoluto" (Hegel *apud* Kruft, 1990).

últimas décadas de sua existência carece de profundidade tátil, de *aura*[25] (pelo menos isso é o que se deduz dos frios *renders*, que podem apenas resultar das ferramentas de representações escolhidas[26]) –, materializações em escala natural de seus croquis. Em compensação, projetos datados entre as décadas de 1940 e 1960 – a maioria deles de caráter cívico – fornecem uma espacialidade e uma gramática mais complexa do que um ícone na paisagem urbana (inegável, porém, na totalidade da obra niemeyeriana[27]).

Por exemplo, para o célebre conjunto de projetos que Oscar Niemeyer construiu no bairro da Pampulha em Belo Horizonte (MG, 1940), encontra-se a Igreja de São Francisco de Assis. Evidência antecipada da genialidade do arquiteto, a

25. Manifestação não repetível de uma lonjura, por mais perto que a obra possa estar. O aqui e o agora constituem sua autenticidade. Termo cunhado por Walter Benjamin em sua *Pequena História da Fotografia* de 1931.

26. Entre esta lista de projetos não executados, encontra-se a Capela da Ilha da Gigoia (RJ, 1991), a Catedral de Belo Horizonte (2006), as capelas Itaipava e Roberto Marinho, uma capela em Potsdam (Alemanha) e outra na Fundação Cesgranrio, além de uma igreja adventista em Paricatuba (PA).

27. Esta dimensão é reconhecida por Marco do Valle (2000: 158, 162) desde a primeira etapa da produção de Niemeyer, associada à *architecture parlante* dos arquitetos Louis-Étienne Boullée e Claude Nicolas Ledoux, por sua vez implícita em suas propostas (utopias) para o *cénotaphe* de Newton, no primeiro caso, e as casas da Paixão e dos Guardas do Rio nas salinas de Chaux, no segundo.

proposta obedece ao simbolismo próprio das arquiteturas católicas, ao se anunciar à distância não apenas por meios "tradicionais" (o campanário isento, religado ao volume principal por uma marquise que se apoia sobre esbeltas e expressivas colunas em V, configurando o átrio), mas por seu contorno sinuoso, duplicado pelo reflexo na lagoa artificial (parte do projeto paisagístico de Roberto Burle Marx). Mais perto, revela-se o painel de azulejos elaborado por Cândido Portinari em homenagem a São Francisco, protetor dos animais e da própria freguesia local (Fig. 1). Lembremos que o artista paulista já havia colaborado com mosaicos para outra célebre obra de Niemeyer: o Ministério da Educação e Saúde no Rio de Janeiro (MES – hoje Palácio Gustavo Capanema, 1936). A estratégia doutrinadora da arquitetura religiosa medieval – emprego da superfície arquitetônica como suporte narrativo de cenas bíblicas e mitos exclusivos do santoral católico – agora ultrapassa os limites internos da arquitetura e volta-se para o exterior, precisando de uma mudança de formato, tanto de seu suporte (a superfície arquitetônica é muito menor por conta da perda de monumentalidade da obra moderna), quanto da mesma imagem (dos pequenos desenhos que ilustram a via sacra ao mural com uma única cena).

Porém, a igreja foi rejeitada, durante alguns anos, pelas autoridades religiosas de Minas Gerais, um dos Estados mais

FIGURA 1: Igreja de São Francisco de Assis na Pampulha (Belo Horizonte, 1940); vista da fachada posterior. Fonte: Ingrid Quintana.

conservadores do Brasil: além da chocante figura do santo, que obedecia aos "bruscos" padrões da estética modernista, as formas livres das volutas – mesmo que justificadas pelo arquiteto na observação da arquitetura religiosa mineira[28] –, como em Le Corbusier, pareciam sedutoras demais. Contudo, a carga emotiva da obra não se restringe à experiência externa: após ser obrigado a contornar o templo (pois a ele se acede pela parte posterior, aberta à lagoa e surpreendido com a

28. "A curva me atraía. A curva livre e sensual que a nova técnica sugeria e as velhas igrejas barrocas lembravam" (Niemeyer *apud* Petit, 1995: 227). Esta admiração pelo barroco e seus desdobramentos na obra do carioca foram acerrimamente criticados por Max Bill em 1954, que, justificado na suposta ausência de um sentido social da Pampulha, escreveu em relação à igreja: "La arquitectura brasileña padece un poco del amor a lo inútil, a lo simplemente decorativo. Al proyectar, por ejemplo, un conjunto como el de Pampulha, no se tuvo en cuenta su función social. El sentimiento de colectividad fue sustituido por el individualismo exagerado. La colectividad está formada por individuos, pero el individualismo destruye a la colectividad. Niemeyer, a pesar de su evidente talento, lo proyectó por instinto, por simple amor a la forma por la forma: lo elaboró en torno a curvas caprichosas y gratuitas cuyo sentido arquitectónico apenas a él, tal vez, le sea evidente. El resultado es un barroquismo excesivo que no pertenece ni a la arquitectura ni a la escultura" (*apud* Burbano, 1957). Estas críticas se uniriam às de Nikolaus Pevsner (1963: 369), que escreveu: "Assim se encontram no Brasil as estruturas mais fabulosas de hoje em dia mas também as mais frívolas. A igreja de Niemeyer de Pampulha (1943), com a sua nave de seção parabólica, as pequenas parábolas do transepto e a torre quadrada com uma pequena seção na base que aumenta às medida que a torre sobe [...]".

domesticidade da sua escala – própria mais de uma capela do que da sede para uma freguesia –, o peregrino (ou o morador do novo bairro) atinge o clímax do ritual quando penetra o átrio e vivencia o espaço da nave. Ali também há lugar para a contemplação iconográfica, embora o mencionado mosaico de Portinari seja opaco, apreciável apenas de fora. Painéis do mesmo autor foram instalados no interior da igreja, justo por trás do altar, tanto no peitoril do coro quanto no fundo cerâmico (*São Francisco se Despojando das Vestes*). Sua forma interna resulta da projeção do arco na entrada, reduzida por se tratar, não de uma abóbada convencional, mas de uma cobertura em arco com altura variável – derivada da planta trapezoidal[29] – que configura um único recinto. A luz zenital capturada é controlada por uma fresta[30], a partir da qual

29. Ainda que nosso alvo não seja comparar os dois projetos (trabalho já adiantado com minúcia tanto por Valle quanto por Queiroz) é inevitável fazermos uma analogia entre a planta da Pampulha e a capela em Ronchamp de Le Corbusier que, apesar de sua sinuosidade, está inscrita num trapézio. Como sua antecessora belo-horizontina, o transepto se desloca para a parte posterior (estrutura tipológica que remete a algumas basílicas paleocristãs), só que nesse caso, não se incorpora ao espaço da nave, mas constitui habitáculos autônomos que abrigam outras funções. A fresta que permite a entrada de luz zenital ao interior do espaço basilical, mais dramática na obra corbusiana, é outra das coincidências entre ambas as edificações.
30. Intenção já perceptível nos primeiros esboços da seção da igreja (Papadaki, 1950: 93).

se derrama um feixe luminoso sobre o painel da cabeceira, aquecendo suas cores. Este fundo, junto com o revestimento interno da abóbada, contribui ao recolhimento propiciado pela escala íntima do espaço.

Diferente é a natureza da vivência dos fiéis na Catedral de Nossa Senhora Aparecida no Distrito Federal (1958): esmagadora, seria o adjetivo mais ajustado, não apenas por suas dimensões ou pela pele de vidro colorido – vitrais da artista francesa Marianne Peretti – mas pelo dinamismo decorrente de seu sistema estrutural. O próprio Niemeyer salientava que essa divergência reside no fato da consagração da igreja como catedral, o que explica sua proximidade conceitual com as arquiteturas do Gótico, onde a técnica adquiria uma conotação transcendente:

> Quando comecei meus estudos para a catedral, entendi que o meu projeto deveria, pela sua leveza, ilustrar a técnica contemporânea. Lembrei-me das antigas catedrais do passado que, refletindo cada uma delas o progresso da época que as vira elevar-se, conquistaram o espaço através de estruturas arrojadas, fachadas de grande beleza e interiores ricamente decorados. Agora, com a descoberta do concreto armado que oferece possibilidades infinitas, senti que podia ambicionar algo mais. Não bastava fazer uma obra importante e original. Eu devia realizar uma catedral que não precisasse de cruz nem estátuas de santos para simbolizar a casa de Deus. Pensei que

> a Catedral de Brasília podia, tal como uma escultura monumental, traduzir uma ideia religiosa, um momento de oração, por exemplo (Niemeyer *apud* Petit, 1995: 39).

Além de configurar o espaço simbólico em Brasília (aspiração que se encaixa com conforto nos postulados de Schopenhauer[31]), as colunas da catedral brasiliense expressam o fascínio de Niemeyer pelas catedrais medievais, confessado por ele anos mais tarde: "Com que prazer desenhei as colunas da Catedral de Brasília, a subirem em círculo, criando a forma desejada! E lembro os contrastes de luz que adotei, tão importantes no interior de uma catedral" (Niemeyer, 2012: 8). Além de reivindicar o caráter transcendente da arquitetura religiosa enunciado por Hegel, que no caso do gótico depende da sua qualidade luminosa (metáfora de um Jesus como luz que veio iluminar as trevas, principal mensagem do Novo Testamento), esta afirmação reflete as pretensões monumentais, tanto de escala como de memória, dos projetos do carioca em Brasília, análogas ao papel das catedrais nas cidades fundadas na Idade Média; isto é, sua responsabilidade na construção não apenas de um novo sentido de urbanidade, mas da iconografia da estrutura política e social que o sustentou.

31. "Projetei [a catedral] circular, com colunas elevando-se num gesto de súplica e comunicação" (Niemeyer *apud* Petit, 1995: 39).

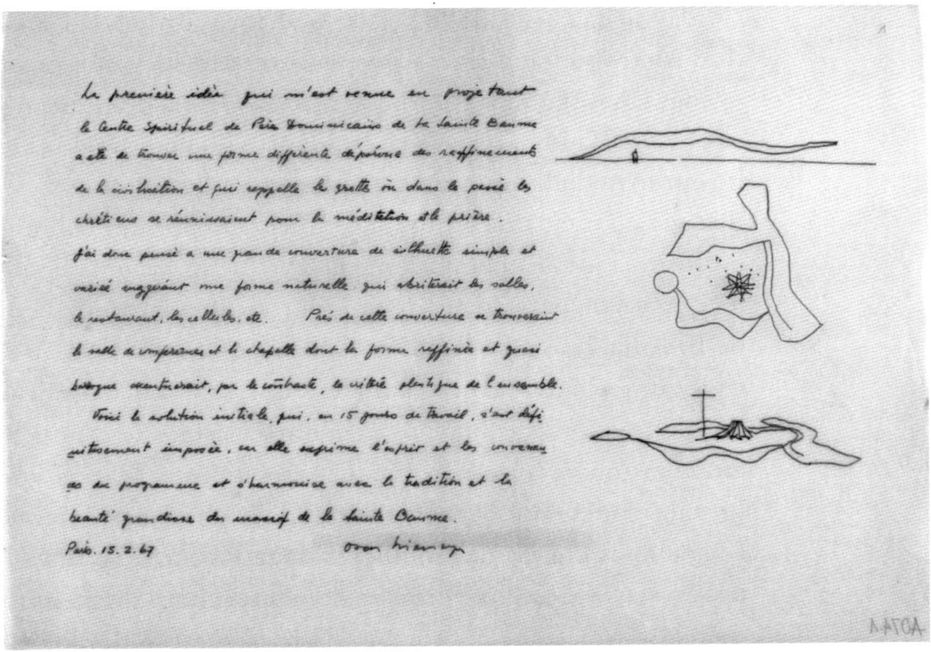

La première idée qui m'est venue en projetant
le Centre Spirituel des Pères Dominicains de la Sainte Baume
a été de trouver une forme différente dépourvue des raffinements
de la civilisation et qui rappelle les grottes où dans le passé les
chrétiens se réunissaient pour la méditation et la prière.
J'ai donc pensé à une grande couverture de silhouette simple et
variée suggérant une forme naturelle qui abriterait les salles,
le restaurant, les cellules, etc. Près de cette couverture se trouverait
la salle de conférences et la chapelle dont la forme raffinée et quasi
baroque accentuerait, par le contraste, la rusticité plastique de l'ensemble.
Voici la solution initiale, qui, en 15 jours de travail, s'est défi-
nitivement imposée, car elle exprime l'esprit et les convenances
du programme et s'harmonise avec la tradition et la
beauté grandiose du massif de la Sainte Baume.
Paris. 15. 2. 67
Oscar Niemeyer

FIGURA 2: Centro Espiritual para padres dominicanos (Sainte Baume, França, 1967); rascunhos da planta e perspectiva externa. Fonte: Fundação Oscar Niemeyer (A074.1).

Daí nossa curiosidade pela semelhança formal da Catedral Metropolitana com a proposta de capela – que ficou apenas em rascunhos – para o centro espiritual dominicano em Sainte Baume, França (1967, dentro do período do exílio europeu do arquiteto). Esta pequena edificação devia se instalar no meio do conjunto, conformado por um volume esquisito, tanto na planta como no corte (Fig. 2): uma lâmina quebrada, parecida com o prédio anexo à Arquidiocese de Brasília, mas envolvendo a capela e que, internamente, configuraria uma caverna para lembrar, segundo o próprio arquiteto, as grutas onde os primeiros cristãos se reuniam em comunhão enquanto eram perseguidos[32]. Mas as voluptuosidades daquela barra, vistas do exterior, novamente remetem às curvas das mulheres deitadas nuas, recorrentes em seus rascunhos. Estas reflexões resultam totalmente inéditas e quase na contramão da prefiguração tipológica

32. "La première idée qui m'est venue en projetant le centre spirituel des Pères Dominicains de La Sainte Baume a été de trouver une forme différente dépourvue des raffinements de la civilisation et qui rappelle les grottes où dans le passé les chrétiens se réunissaient pour la méditation et la prière. J'ai donc pensé à une grande couverture de silhouette simple et variée suggérant une forme naturelle qui abriterait les salles, le restaurant, les cellules etc. Près de cette couverture se trouverait la salle de conférences et la chapelle, dont la forme raffinée et quasi baroque accentuerait, par le contraste, [...] plastique de l'ensemble". Memorial do projeto redigido por Oscar Niemeyer em 12 de fevereiro de 1967 (FON A074.1).

monástica como consolidação institucional das diferentes denominações católicas[33]: atitude moderna que apela às origens (tanto da fé como da própria humanidade), e não à tradição, para procurar a essência da realidade. Toda comunidade monástica de filiação romana subscreve uma série de normas estritas, entre elas o isolamento, a vida austera e a castidade. Como estas regras básicas da vida coletiva dos religiosos poderiam ser interpretadas por um homem como Niemeyer, cuja vida se regeu por comportamentos totalmente dissímiles, pelo menos segundo seus próprios depoimentos? A explicação parece estar no ato do encargo, narrado pelo arquiteto:

> Meus contatos com os dominicanos datavam aproximadamente de um mês. Fui então a Sainte Baume para definir o programa da construção: um centro cultural e espiritual com cem células, uma sala comum, um refeitório, uma sala de reuniões, uma capela e uma sala de conferências. O tema e o lugar me seduziram a tal ponto que, dois dias depois, de volta a Paris, eu já tinha uma

33. Em *Minha Arquitetura* (Niemeyer, 2000: 55), o arquiteto lembra do partido construtivo que viabilizaria tão inovadora proposta: "Primeiro, seria construir com a terra os volumes desejados. Depois cobri-los com uma laje de concreto. E, com a retirada da terra, a construção estaria concluída".

> ideia muito clara do projeto e uma sedução precisa, tão diferente de tudo o que tinha sido feito até então, que achei prudente convocar o padre Morelli antes de prosseguir meu trabalho. O projeto e a sua integração na tradição religiosa o entusiasmaram e o conjunto foi aprovado. Ali passei muito tempo em discussões. [...] Escutei esses padres dominicanos com satisfação [...] (Niemeyer *apud* Petit, 1995: 38).

É importante lembrar que nesta época Oscar Niemeyer já havia projetado, justamente no Distrito Federal, um conjunto similar: a Faculdade de Teologia da UnB – Universidade de Brasília – (1960). No entanto, o partido do prédio que contém a biblioteca e as habitações dos padres[34] (cujas celas, nos esboços de Niemeyer, remetem às células corbusianas, não apenas no Convento de La Tourette, mas em projetos de habitação anteriores como a Unidade de Habitação de Marselha e a Fundação Suíça para a Cité Universitaire de Paris), corresponde à tipologia formal usada nos palácios do governo: barra contornada por arcadas muito esbeltas, reproduzindo o esquema períptero clássico (Fig. 3).

34. O outro prédio do conjunto, a igreja, não foi construído. A complexidade de sua planta, que emprega intensivamente a curva, não como um traço contundente mas como sucessão de volutas delimitando uma nave (estratégia tipicamente barroca) merece uma análise posterior.

FIGURA 3: Instituto de Teologia da UnB (Brasília, 1963); perspectiva. Fonte: Corona, 2001.

Por outro lado, assumimos que, no relato apresentado nas linhas acima, ao falar em "tradição religiosa" o carioca não se refere a um conjunto de dogmas, mas ao citado sentido agostiniano do termo *religião*, ou seja, ao ato de ligar de novo, de propiciar a confraternização (muito mais espontânea nos conventos dominicanos do que nos beneditinos), *leitmotiv* da igreja primitiva antes da sua oficialização por parte de Constantino e posterior sincretismo com crenças gregas e latinas. Trata-se de uma vontade mais próxima do ensino direto do Cristo, quem, de maneira franca, rejeitou a conduta religiosa das vertentes mais rigorosas do judaísmo, ao indicar a comunhão pessoal e o conhecimento íntimo de Deus como sinônimos da verdadeira vida espiritual. Isto explicaria a forma da Capela na Sainte Baume que, como apontado linhas acima, compartilha o mesmo o partido tipológico, embora "em negativo" da Catedral do Distrito Federal: uma planta centralizada, circular (própria de denominações com maior participação dos fiéis no culto, entre elas as ortodoxas); como lar. Em 1986, Niemeyer teve a oportunidade, também em Brasília, de construir uma igreja ortodoxa que se subscreve no mesmo esquema formal. No entanto, nos rascunhos relativos a Sainte-Baume expressa-se a ausência de vitrais, devido à seção dos montantes de concreto e pela redução da largura dos seus intercolúnios, e a substituição do campanário por uma simples cruz ancorada no solo.

Surpreende a escolha formal para a igreja brasiliense, se levarmos em conta que a unidade espacial do recinto nega a linearidade do ritual católico, justificando a evolução formal das basílicas consagradas como catedrais. Não seria a primeira catedral com planta centralizada, mas este fato não deixa de ser singular; aliás, não podemos esquecer que, no conjunto de esboços selecionados pelo arquiteto para o memorial do projeto, Niemeyer incluiu uma rotunda romana. Esta leitura ecumênica do espaço sagrado em Niemeyer se reverterá na sua contribuição ao mundo islâmico através da Mesquita de Argel (não executada), projetada em 1968, estendendo pontes que atribuem um caráter eclético à obra do arquiteto. Nesta mesquita, as colunas – ou melhor, os contrafortes (que, do ponto de vista não formal, mas espacial, também poderiam ser tidos como pilastras de um peristilo clássico) –, além da sua função estrutural, assumem a missão dos minaretes tradicionais, ou seja, estabelecem o ponto de referência para as sete orações diárias que os mulçumanos devem dirigir a Alá e lugar onde o muezim lançava a chamada à súplica coletiva.

Foi na Igreja São Daniel Profeta, em Manguinhos (Rio de Janeiro, 1960) que Oscar Niemeyer materializou o arquétipo da planta circular: trata-se de um cilindro perfeito, revestido de uma pele de vidro, por sua vez matizada com *brises* de concreto que irradiam luz do interior, referenciando de alguma manei-

FIGURA 4: Igreja São Daniel Profeta em Manguinhos (Rio de Janeiro, 1960); imagem dos preparativos para a inauguração. Fonte: http://fotolog.terra.com.br/carioca_da_gema:444.

ra as colunas da Catedral de Brasília, embora careçam da sua graça e contundência (Fig. 4). A ausência desta obra na seleção de projetos religiosos publicada em 2011 – justificada pelo lamentável estado atual do prédio (Magalhães, 2011) – evidencia a vontade do arquiteto de negar a condição transitória da sua criação (pelo menos na memória dos homens), como se ela constituísse a estratégia para perpetuar seu percurso por este mundo.

Na Brasília do começo da década de 1960, cenário da maioria de suas realizações religiosas, Oscar Niemeyer entregou-se inteiramente ao domínio da curva. Do lado norte do Palácio da Alvorada – residência presidencial –, e na frente do Lago Paranoá, erige-se uma construção, aparentemente também de planta circular[35]. Mais conhecida pelo nome do seu palácio vizinho, a Capela de Nossa Senhora da Conceição (1956-1957) se configura a partir de um mínimo de traços: duas curvas em cujo interstício gesta-se o espaço de oração. Ao contrário dos templos de São Francisco de Assis e de Nossa Senhora Aparecida, a materialidade da Capela da Alvorada é sólida e nívea, inaugurando uma tendência consolidada no Congresso

35. Um esboço desta planta foi reproduzido por Papadaki (1956: 117). Posteriormente serão poucos os projetos de Niemeyer divulgados mediante plantas (de fato, apenas os livros de Papadaki e o volume publicado pela Editorial Mondadori oferecem plantas, cortes e fachadas de um número importante de projetos), privilegiando a publicação de rascunhos sintéticos e de fotos sugestivas dos exteriores dos prédios.

Brasileiro e com o Palácio das Artes do Parque do Ibirapuera em São Paulo (1950), cúpula na forma de uma seção de esfera sobreposta a um tronco de cone abatido. Os recursos iconográficos usados são poucos: ao exterior, uma pequena cruz e uma campana disposta no vão furado do mais alto dos muros perimetrais à maneira de *campanile a vela*. Estamos habituados ao impacto visual da arquitetura de Niemeyer, dado pela força e simplicidade de seus gestos constitutivos[36]. No entanto, a configuração em planta deste pequeno projeto sugere o envolvimento da audição, pela reverberação sonora ao repicar dos sinos, que poderia se produzir graças à contenção espacial

36. Esta série de capelas brasilienses é completada pela ermida no terraço-jardim do Anexo IV da Câmara dos Deputados (1974), cujo partido – produto da junção de duas curvas simétricas que criam uma concavidade no centro semelhante àquela da Capela da Alvorada e, em menor escala, ao confessionário da Catedral Metropolitana. No entanto, no caso do Anexo IV, sua volumetria quase cilíndrica, apenas amenizada pela disposição de uma cúpula minúscula sobre o teto plano, aproxima-se a soluções próprias do mundo bizantino, mais exatamente com os *katolikones* ou capelas centrais dos monastérios ortodoxos. Daí sua similitude com a igreja ortodoxa que o arquiteto carioca construiria em 1986, também sobre solo brasiliense. Já em 2004, uma quarta capela prolongaria a série, erigida na Ermida Dom Bosco (complexo à beira do Lago Paranoá, no Distrito Federal). O cilindro perfeito, de vidro preto à maneira do Parlamento Latino-americano no Memorial da América Latina (1989), é circunscrito por um arco de concreto branco. Este gesto faz parte do repertório formal das primeiras obras de Niemeyer e, no caso da capela, apenas toca em dois pontos o corpo principal.

do preâmbulo externo da capela; do interstício. Por mínimo que seja, qualquer barulho nesta estrutura resultará esmagador, diferente das grandes igrejas e catedrais, cujos sinos anunciavam o começo da missa para toda a cidade.

No interior, a pequena escala desta construção, reservada a visitantes privilegiados, faz com que a vivência interna seja íntima, propícia para a oração. Sua ornamentação é mais austera: um mural, no teto plano, pintado por Athos Bulcão (artista carioca que colaborou com Portinari na execução dos painéis da Pampulha), representando, com o mínimo possível de elementos – o sol, a lua e o peixe –, os fundamentos do cristianismo primitivo: Jesus, seus discípulos e a comissão evangelística. A experiência da cor, intensa mas reduzida (apenas o amarelo e o azul foram usados), também foi reservada ao interior.

É impossível ignorar a semelhança existente entre o traço em espiral (Fig. 5) do recinto menor desta ermida e as capelas laterais da igreja de Notre-Dame du Haut em Ronchamp, que certamente resulta em um dos projetos mais complexos, no que tange a suas estratégias projetuais[37], da obra tardia de

37. Mencionamos o paralelo entre as obras de Niemeyer e Le Corbusier, uma vez que temos certeza do mútuo conhecimento que delas tinham estes arquitetos. Porém existem comparações ainda mais provocadoras, apresentadas por Scottá (2010: 32) em relação à obra de Niemeyer, especificamente à Capela da Alvorada e a duas capelas protestantes: Fautze Rau (1964-1968) e um projeto de T. Hermanns (1963).

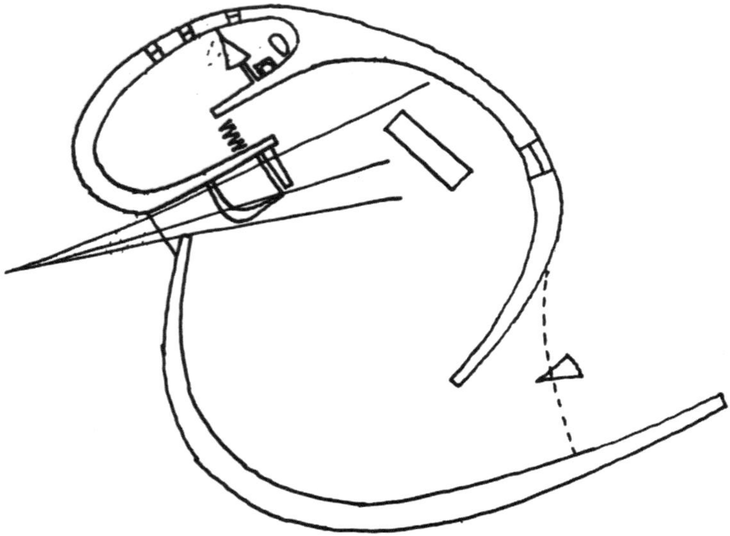

FIGURA 5: Capela da Alvorada (Brasília, 1956-1957); rascunho da planta. Fonte: Papadaki, 1956.

Le Corbusier. Em suas pesquisas de doutoramento, Marco do Valle (2000) e Rodrigo Queiroz[38] (2007) aprofundaram esta questão, estudando paralelamente as operações formais não apenas entre estas duas obras, mas entre o projeto corbusiano e a Igreja de Nossa Senhora de Fátima (Fig. 6), também na capital brasileira (1958). Neste caso, a analogia aparece por conta de um gesto em elevação: a silhueta traçada por seu teto curvo, que, graças à proporção menor do miolo central (espaço interno), assume o papel da marquise.

Agora, enquanto em Ronchamp a cobertura é pesada, gerando um drama acrescentado por sua aparência flutuante sobre os muros que confinam a única nave da igreja, em Nossa Senhora de Fátima o teto é tão leve – uma simples linha de concreto similar àquela criada para a primeira missa na Capital Federal (1957, Fig. 7) – que, metaforicamente, nem precisaria dos seus dois apoios verticais para evitar o contato com o solo. O patético de Ronchamp se incrementa ao interior da igreja, por conta da luz filtrada mediante a fenestração do espesso muro sul, mencionado linhas acima. Cada um dos seus vãos profundos está reves-

38. Ambas as teses estabelecem inúmeras pontes entre projetos dos dois mestres e fornecem detalhadas descrições e abundante material gráfico dos edifícios religiosos de Niemeyer até aqui mencionados que recomendamos olhar, particularmente "Modernidade e Religiosidade" (Queiroz, 2007: 291).

FIGURA 6: Igreja Nossa Senhora de Fátima (Brasília, 1958). Fonte: Mário Fontenelle (Diretoria de Patrimônio Histórico e Artístico do DF – DEPHA).

FIGURA 7: Altar para a primeira missa em Brasília (1957). Fonte: Mário Fontenelle (Arquivo Público do Distrito Federal).

tido por pequenos vitrais, cujos motivos, embora inspirados na Virgem Maria, obedecem a uma procura de linguagem plástica pessoal que exclui toda possibilidade de narrativa evangelística. Por sua vez, como na Pampulha, os vitrais da igreja brasiliense novamente são substituídos por azulejos, embora repitam um único motivo ao interior (a pomba, simbolizando a unção do Espírito Santo). Enquanto na obra corbusiana os vitrais são de autoria do próprio arquiteto (na vontade de criar uma síntese das artes totalmente subjetiva), no projeto de Niemeyer contou-se novamente com a participação de Athos Bulcão. No entanto, uma reinterpretação do citado muro de Le Corbusier aparece na Igreja de Fátima, porém, no acesso: tratam-se dos painéis furados, que eventualmente permitem a integração do espaço interno com a instância intermédia sob a marquise[39]. À diferença de todas suas predecessoras, a condição etérea desta igreja se ajusta ao caráter aberto de seu criador e da cultura brasileira, estabelecendo-se como sua tese de experiência espiritual.

As últimas realizações de Niemeyer decorrentes de encargos religiosos ratificam esta aproximação, ainda que também acrescentem a polêmica ao redor da última fase da sua carreira, extremamente iconográfica e voltada para o exterior.

39. Pequenos vãos aleatórios na parte posterior da igreja não passam de uma anedota que, em certa medida, recorda a estratégia corbusiana.

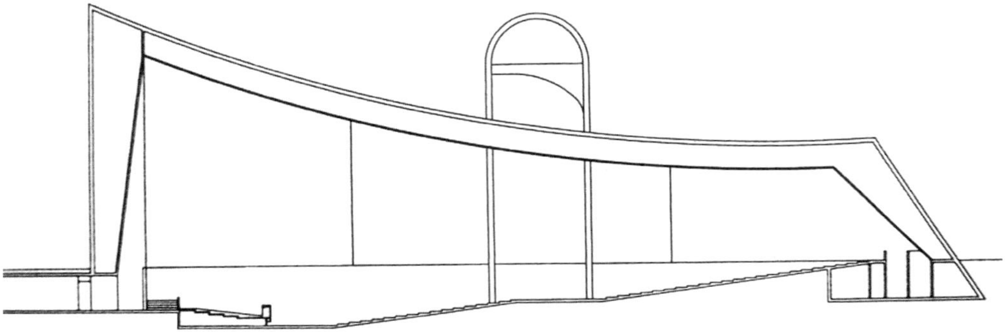

FIGURA 8: Catedral Batista no Caminho Niemeyer (Niterói, 1997/2003); corte. Fonte: Niemeyer, 2004.

Não pretendemos nos aprofundar nelas[40]; contudo, queremos salientar que na Catedral Militar Rainha da Paz em Brasília (1994), recupera-se a silhueta curva de Nossa Senhora de Fátima, ainda que sem a soltura formal da sua antecessora: a opacidade de seus fechamentos, mesmo que brancos e finos, nega a leitura do projeto como entidade flutuante.

Finalmente, foi para Niterói, cidade vizinha ao seu amado Rio, que o arquiteto pensou duas das suas últimas catedrais: a Batista (1997/2003) e a Católica (1997), ambas no Caminho Niemeyer. Enquanto a primeira apelaria ao mesmo partido de Nossa Senhora de Fátima, exacerbando seu caráter aberto mediante o uso de peles de vidro (Fig. 8), a segunda se expressaria como uma sólida escultura de dimensões monumentais, recorrendo novamente à planta centralizada, mas incorporando elementos próprios do repertório brasiliense, como a criação de um domo gigantesco. Estratégia retomada na sua proposta para a Catedral de Belo Horizonte (2006), cuja silhueta recuperaria os traços gráceis da Catedral de Brasília, desta vez desenhados por duas superfícies contínuas de concreto branco que substituem a sequência de pilastras (Fig. 9). Se construída, a catedral

40. Já que a maioria de projetos religiosos de Niemeyer concentra-se na capital federal, recomendamos consultar o olhar panorâmico sobre essa cidade construído por Luciane Scottá (2010).

FIGURA 9: Catedral de Belo Horizonte (2006); *render* do exterior. Fonte: Fundação Oscar Niemeyer (A074.1).

belo-horizontina instituiria uma das últimas contribuições de Oscar Niemeyer à arquitetura religiosa, mas a ratificando a relevância dessa cidade no nascimento e morte da dimensão espiritual do arquiteto e sua obra.

A LIÇÃO DE NIEMEYER: IGREJAS LATINO-AMERICANAS

Junto aos exemplos citados na seção anterior, inúmeras analogias têm sido feitas entre obras-primas de Oscar Niemeyer e projetos posteriores em países da região, respondem a diversos programas, além dos estritamente religiosos: desdobramentos do universo plástico brasileiro na cena arquitetônica mundial, difundido pela exposição *Brazil Builds*, no Museu de Arte Moderna de Nova York – MoMA – em 1943. No entanto, ao revisar com cautela projetos especificamente religiosos, construídos em três países "irmãos" (Colômbia, México e Venezuela), pode se sentir eco do espaço sacro em Niemeyer nas dimensões formal, técnica, tipológica e emotiva, cuja complexidade tentamos revelar nas linhas seguintes.

FORMA E LINGUAGEM: Experiências colombianas após uma viagem brasileira

Na primeira metade do século XX, numa América Latina caracterizada pela instabilidade política e processos tardios de industrialização, os programas de caráter religioso não eram, em geral, muito comuns e, pelo contrário, resultaram de encargos excepcionais por parte de particulares. Isto fez com que, na maioria de cidades capitais, equipes públicas de planejamento fossem criadas e se contratassem profissionais estrangeiros, capacitados em enfrentar tarefas até esse momento inéditas para os arquitetos locais. Na Colômbia, por exemplo, o papel do arquiteto alemão Leopoldo Rother (1894-1978) foi fundamental para introduzir um repertório formal moderno que ultrapassava a linguagem purista corbusiana: abóbadas de concreto, configurando a totalidade do espaço interno, foram propostas por ele para projetos como as piscinas da Cidade Universitária em Bogotá (1937, não executado), por sua vez inspiradas em obras tanto do alemão Otto Wagner (na Technische Universitat de Clausthal, onde ele estudou) quanto brasileiras[41]. Com inteligência, Rother não apenas reinterpretou as lições urbanas proferidas pelo MES, mas as inovações do mundialmente famoso Pavilhão de Nova York de 1939 (duas obras concebidas em parceria com Lucio Costa) e das principais intervenções de Niemeyer na Pampulha: o cassino e a igreja. Prédios do alemão em cidades médias colombianas,

41. Cf. Marta Devia, *Leopoldo Rother en la Ciudad Universitaria*, Bogotá, Universidad Nacional de Colombia, 2006.

como o Centro Cívico em Barranquilla e o Mercado Municipal de Girardot, ambos de 1946 (visitados e louvados pelo próprio Corbusier), caracterizam-se pela abertura ao exterior, recorrendo ao uso de recursos tipicamente cariocas, como superfícies de elementos vazados e grandes e expressivas rampas e escadarias nas fachadas, pilares em V e sequências de abôbadas, além da relação com a paisagem próxima.

Mas foi em 1948, quando o engenheiro colombiano Gabriel Serrano Camargo – sócio da poderosa firma Cuellar Serrano Gómez[42] – empreendeu uma viagem de estudos pelo sul do continente, que houve um contato direto entre a arquitetura do Brasil e os principais protagonistas da cena arquitetônica colombiana. Comissionado pelo Banco de la República para a construção de sua sede na litorânea Barranquilla, Serrano viajou à procura das inovações arquitetônicas projetadas por Niemeyer para o clima tropical (MES e Banco Boa Vista no Rio de Janeiro), além de obras dos irmãos Roberto e de Lucio Costa na capital fluminense. O périplo foi aproveitado para fazer um percurso pelo bairro da Pampulha em Belo Horizonte (Fig. 10), ilustrado por croquis de quatro obras construídas pelo carioca na borda da lagoa, avaliadas por Serrano como

42. Empresa detentora de um ateliê de projetos arquitetônicos e de uma empreiteira, capazes de afrontar construções de grande porte e complexidade.

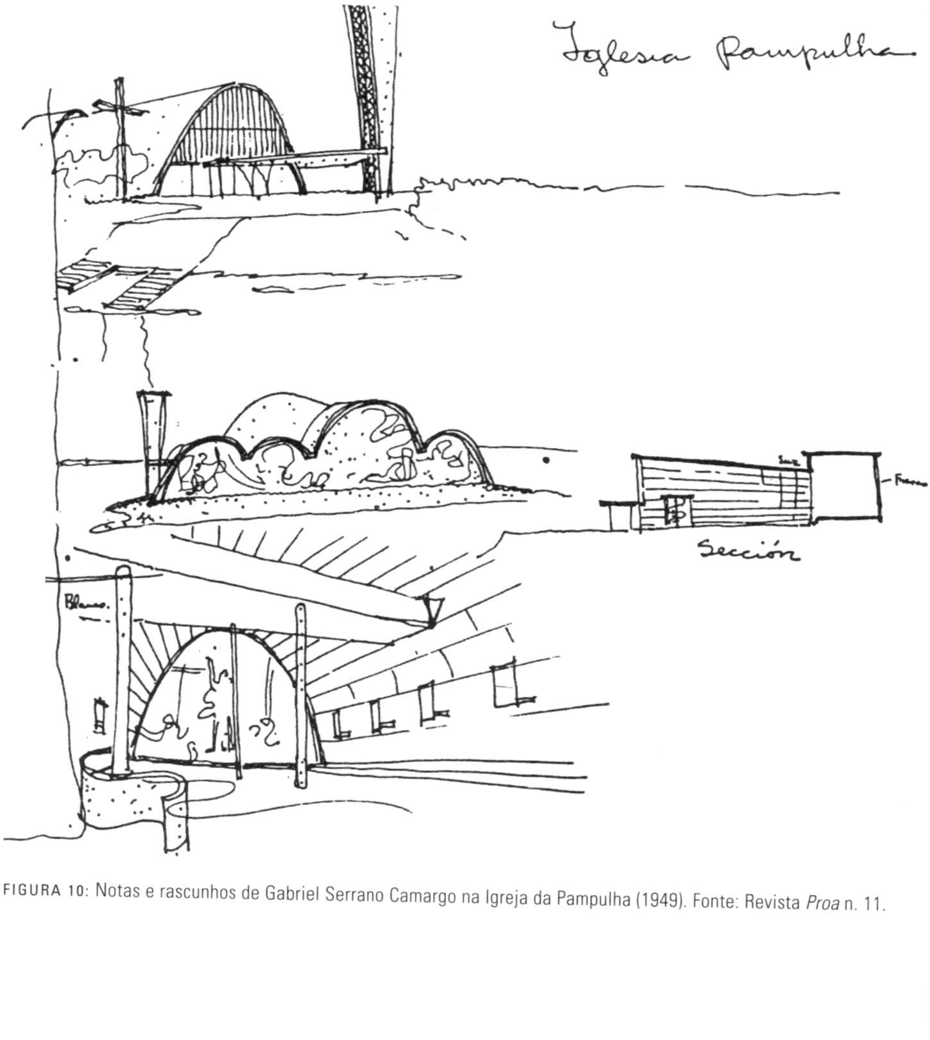

FIGURA 10: Notas e rascunhos de Gabriel Serrano Camargo na Igreja da Pampulha (1949). Fonte: Revista *Proa* n. 11.

"o conjunto mais impressionante" que tivesse visto na sua vida (*apud* Téllez 1988: 149): a igreja[43], o cassino, o Iate Clube e a casa de fim de semana para Juscelino Kubitschek. Divulgados pela revista local *Proa*[44] (n. 11, abril de 1948) e inusitados porquanto surgiram da mão de um cartesiano engenheiro[45] e não de um arquiteto "sensível" (embora sua habilidade como

43. Eis a transcrição do manuscrito que acompanha as perspectivas exteriores e interior da igreja: "Iglesia Bovedas [*sic*] exteriores en mosaico de porcelana azul claro con dibujos (laterales nave central) en azules blanco y gris azul. Los bordes de las curvas en las bóvedas placas de entrada y campanario en granito natural (gris arena). La nave central por dentro en madera cahoba brasil [*sic*] Los cuadros de las estaciones soportados en cant. del enchapado – Piso de la entrada en vidrio iluminado".

44. Revista especializada em arte e arquitetura criada em agosto de 1946, em Bogotá, pelos arquitetos Carlos Martínez e Carlos Arbeláez. Ela constitui, até hoje, a principal fonte de documentação da arquitetura moderna colombiana, equivalente à *Calli* (México) ou à *Tecné* (Argentina).

45. Isto se o julgarmos pelo caráter técnico das notas que acompanharam os desenhos: "El Brasil es uno de los países en donde está más desarrollado el estudio y la ejecución de estructuras de concreto. El triturado usado en las obras es granito natural de la mejor clase; la resistencia de este agregado permite una esbeltez en las estructuras como muy difícilmente puede verse en otras partes. [...] Los sistemas usados para protección del sol en los interiores de los edificios son el aspecto más interesante en las construcciones contemporáneas en el Brasil. Los proyectos se estudian muy cuidadosamente desde el punto de vista del asoleamiento de las fachadas y una vez obtenidos los diagramas de asoleamiento se estudia el sistema de persianas protectoras que conviene usar en cada caso [...] La altura de los pisos está relacionada con disposiciones municipales sobre su iluminación natural. Es obligatorio que la profundidad de la superficie iluminada por la ventana sea igual

projetista estivesse amplamente demonstrada por inúmeros projetos de sua autoria), os desenhos de Serrano ganharam fama no cenário arquitetônico do seu país graças, além da qualidade, à sensualidade impressa neles. Assim, involuntariamente, abria-se uma porta, fechada com zelo até esse instante, ao que o historiador Germán Téllez (1988: 148) chamou de *brasileirismo*, gerando uma *oleada* na arquitetura colombiana, que se prolongou até a década de 1960.

Por sua vez, com o início dos anos 1950, a modernidade arquitetônica em Bogotá atingia uma maturidade sustentada, primeiramente, na consistência técnica[46] e, em segundo lugar, por gestos de maior liberdade plástica, os quais irrompiam timidamente na produção local. Paradoxalmente, no que tange à obra do próprio Serrano, entre estes poucos traços

a 2 ½ veces la altura de ésta, de modo que a mayor profundidad de la superficie, mayor altura del piso" (Gabriel Serrano Camargo, 1948: 7-8).

46. Neste aspecto, uma das mais importantes contribuições importadas na Colômbia do Brasil por Serrano à indústria da construção civil colombiana, foi o sistema de *lajes-nervadura*, implementado em grandes empreendimentos do seu escritório como o conjunto *Centro Internacional* em Bogotá: "De su primer viaje al Brasil, a raíz de su designación como presidente de la Sociedad Colombiana de Arquitectos, Gabriel Serrano trajo la idea de sustituir las placas macizas de las estructuras de concreto, convencionales, por las aligeradas mediante el empleo del 'reticular celulado' que en Brasil estaban aplicando" (Rafael Serrano Camargo, 1983: 20-22).

encontram-se os do citado prédio bancário em Barranquilla[47] (1950), com seus *brises* e elementos vazados à maneira do MES, além dos jardins criados por Burle Marx para esse prédio[48]; a casa do arquiteto (1950-1951; Fig. 11)[49], cuja fachada exibe um pequeno mosaico atribuído a Cândido Portinari[50] – autor dos painéis do térreo do MES e da Igreja de São Francisco de Assis

47. Assim celebrou-se, à época, a decisão: "La inteligente utilización de dispositivos que ya han hecho feliz prueba en el Brasil, el diseño de la estructura, en concreto, simple y económica, la racional distribución sencilla y franca de las fachadas, harán que este edificio sea ornato para Barranquilla y un lugar de trabajo fresco, confortante e higiénico" (*Proa* n. 35, 1950: 26).

48. "La escultura es explotada en la misma forma que la pintura y muy especialmente en los jardines de los edificios, con los cuales los brasileros han dado una lección de originalidad y buen gusto" (Serrano Camargo, Gabriel, 1948: 8).

49. A casa foi demolida, mas o mosaico de Portinari foi recuperado para ser exibido na sede da Sociedade Colombiana de Arquitetos – Capítulo Bogotá.

50. A obra não aparece registrada na lista da Fundação Portinari no Rio de Janeiro, mas a historiografia colombiana sempre o considerou como genuíno. A admiração de Serrano pelos mosaicos que revestem as fachadas de projetos brasileiros evidenciava-se também nos comentários que acompanhavam os desenhos da viagem: "Entre los materiales de revestimiento de fachadas, aparte de los mármoles, granitos y piedras naturales, que las hay muy variadas, hay un material que combinado con los anteriores se presta a un tratamiento de fachadas muy interesante, éste es el mosaico de porcelana, cuya industria está a tal punto adelantada, que hoy día es renglón de exportación a Estados Unidos. [...] Los azulejos propiamente dichos se utilizan en menor proporción, pero en algunas partes, como en el Ministerio de Educación, se han obtenido grandes paños decorativos de estupenda composición, ejecutada en una gama de azulejos muy variada e interesante. Es

FIGURA 11: Casa de Gabriel Serrano Camargo em Bogotá (1951, demolida); mosaico de Cândido Portinari na fachada. Fonte: Germán Téllez.

na Pampulha – e o prédio restaurante e salões do Clube Los Lagartos (1947-1950), cujas coberturas inclinadas recordam a solução "em borboleta" dada por Niemeyer para o telhado da residência Juscelino Kubitschek e do Iate Clube (1943)[51]. Acrescenta o referencial de obras modernas paradigmáticas deste projeto a casa Errázuriz, de Le Corbusier (1930) e a House in the Garden, de Marcel Breuer (1950). Entretanto, os edifícios religiosos de Serrano são escassos e deles apenas foi divulgada a capela do Colegio Mayor del Rosario em Bogotá (1950-1951), de traços conservadores e revestimento tradicional em alvenaria. Um projeto de sua autoria publicado em *Proa* n. 86 (fevereiro de 1955: 12), uma igreja na quentíssima cidade de Barrancabermeja, no nordeste da Colômbia (interior do Departamento de Santander), resultaria, se construído, menos tímido, ao apelar a detalhes construtivos que

famoso el estudio sobre la vida de San Francisco en la iglesia de Pampulha [...] ejecutado en este material" (Gabriel Serrano Camargo, 1948: 8).

51. "El volumen general del tramo correspondiente al gran salón y comedores de 'Los Lagartos' se sitúa en la línea de algunas de las obras ya conocidas de Oscar Niemeyer y Afonso [*sic*] Reidy; con su cubierta en pendiente contraria es decir, subiendo para abrir generosamente su máxima altura, a la vista principal [...]. La rampa corbusiana, las terrazas y tabiques interiores en formas ondulantes (otro brasileñismo muy constante en la época) eran otras tantas libertades con respecto a los estrechos límites del idioma internacional de los comienzos de la década de los 40 [...]" (Téllez, 1998: 115).

favoreceriam a amenização da temperatura no interior do prédio – marquises, panos de elementos vazados na fachada, abóbada em concreto – previamente implementados no projeto litorâneo (Fig. 12).

Mais tarde, e apesar de se tratar de um clima frio e úmido, as edificações religiosas em Bogotá adotariam esses elementos típicos brasileiros, porém menos arrojados: para entender a arquitetura moderna da capital colombiana, cuja etapa mais fértil está, com certeza, entre as décadas de 1950 e 1960, primeiramente é fundamental revisar o acervo de *Proa*, com artigos dedicados a obras pontuais do carioca[52], nos números 47 ("Hotel de Turismo y Fábricas en São Paulo" – maio de 1951)[53], 68 ("Exposición en São Paulo, Oscar Niemeyer" –

52. Mais tarde, *Proa* n. 83 (agosto de 1954: 24) apresentaria um dossiê dedicado a obras paulistanas de outros autores: Henrique Mindlin (proposta para o hotel Copan, finalmente executado por Niemeyer), Armando Carvalho e Renato Villela (Hospital de Serviço Público). Outras edições da mesma década, incluíam artigos mais extensos sobre obras específicas e ideias de outros arquitetos brasileiros, na sua maioria cariocas, entre elas os números 58 (abril de 1952 – "Una casa en São Paulo, Arq. Henrique E. Midlin"); 59 (mayo de 1952 – "Hotel en Rio de Janeiro, Brasil, Arqs. D. Azámbuja y Regis"); 73 (julho de 1953 – "Casa en Petrópolis, Brasil, Arq. Sergio Bernardes"); 76 (outubro de 1951 – "Edificio en Rio de Janeiro, Arq. Sergio Bernardes); 108 (abril de 1957 – "Apartamentos en Rio de Janeiro, Arq.: E. Reidy") e 113 (outubro de 1957 – "Acústica y Forma. Por Rino Levi").

53. Trata-se do Hotel Regente, construído na praia de Leblon em 1949, e da Fábrica Duchen em São Paulo, de 1950. Os artigos, que assinaram os arquitetos

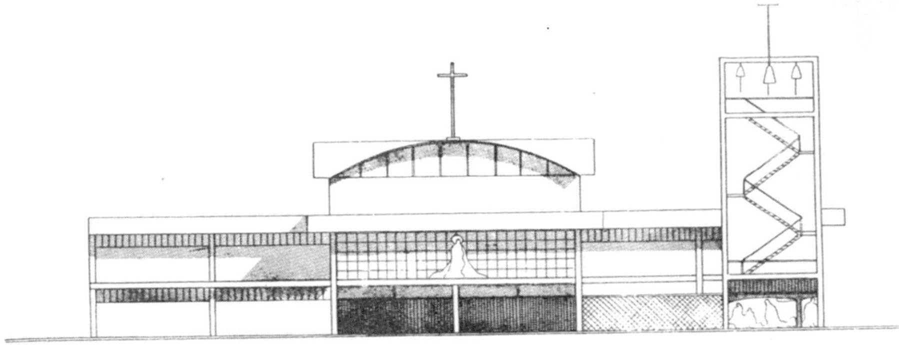

FIGURA 12: Projeto para igreja em Barrancabermeja (1955), Gabriel Serrano Camargo; elevação principal. Fonte: Revista *Proa* n. 86.

fevereiro de 1953)[54] e 124 ("Brasilia" – fevereiro 1959)[55]. Em dezembro de 1948, uma edição dedicada à arquitetura religiosa na Colômbia (n. 18) incluiu projetos até esse instante não executados, dos quais se destacam dois do arquiteto local Edgar Burbano: a igreja do novo plano para a cidade de Tumaco e uma capela na Universidade Nacional da Colômbia, *campus* Bogotá. Da relação destas propostas com o repertó-

colombianos Humberto Flórez Prado e Luiz José Riaño – formados na capital fluminense – estavam precedidos por elogios gerais para a arquitetura moderna brasileira a cujos fins eles se renderam: "Brasil, tierra de fuertes contrastes, donde la naturaleza ha distribuído sus pinceladas con prodigiosa exuberancia, ha dado al mundo hombres que han sentido y comprendido los nuevos rumbos de la Arquitectura: haciéndola más real, mirando al hombre como fin y no como instrumento; contemplando la naturaleza no como adorno, sino como necesidad, indagando el espacio no con indiferencia, sino como divina posesión del hombre [...] Niemeyer, Lucio Costa, Redy [*sic*] y otros, han sentido y comprendido ese deseo innato del hombre, sus obras marcan el comienzo de una nueva era, ellas al lado del maestro le [*sic*] Corbusier, han dado el ejemplo y hoy, una pléyade de jóvenes arquitectos, dispuestos a seguir con su frente de trabajadores la conquista del espacio" (Serrano, 1948: 7).

54. Este dossiê ilustrou, ainda em fase de projeto, apenas dois pavilhões do Parque Ibirapuera: o planetário (Oca) e o auditório (primeira proposta), junto com a marquise que os religava, a qual nunca chegou a ser executada.

55. Na verdade, a matéria reproduz trechos de textos de Lucio Costa sobre o Plano Piloto (tomados de "Nossa Arquitetura" e "Arquitetura e Engenharia"). Das quatro páginas dedicadas à nova capital brasileira, apenas uma corresponde à participação de Niemeyer, publicando fotos da maquete do Congresso, apresentada ao concurso.

rio formal que Niemeyer estava consolidando na Pampulha[56] pouco se falou, por exemplo, na sequência de volutas rebaixadas para a Capela de Tumaco (Fig. 13), que, em certa medida, reproduziria aquela no corpo posterior da igreja da Pampulha, destinado à sacristia[57]. Por sua vez, as linhas ondulantes, que iriam confinar o espaço basilical em Tumaco, recordam o tema da *fachada ondulante*, apontado em 1941 por Sigfried Giedion em *Space, Time and Architecture* (a Bíblia da "geração de *Proa*"[58]), ao falar da arquitetura de Francesco Borromini. Trata-se, além disso, de uma releitura da arquitetura religiosa mineira começada por um jovem Niemeyer na observação da Igreja de São Francisco em Ouro Preto (Costa *apud* Valle, 2000: 133), obra-prima do barroco brasileiro, construída por Aleijadinho no século XVIII.

Quase uma década mais tarde (janeiro de 1957), Burbano publicou, na mesma revista (n. 106: 20) um extenso artigo intitulado "Oscar Niemeyer y Sus Obras"[59]. Além de reproduzir trechos da entrevista concedida pelo brasileiro à revista

56. Tema desenvolvido por Valle (2000: 129) no capítulo 3 de sua tese de doutorado.
57. Na versão finalmente construída, do repertório brasileiro apenas se reconhece a treliça de madeira usada no campanário.
58. Apelido dado por Silvia Arango (1989: 212) para este grupo de arquitetos.
59. Vale a pena advertir que, no texto, encontram-se várias imprecisões históricas, como o fato de Burbano afirmar que Niemeyer estagiou três meses no ateliê de

FIGURA 13: Capela para a nova cidade de Tumaco (1948), Edgar Burbano; planta, seções e perspectiva externa. Fonte: Revista *Proa* n. 18.

Espacios (setembro/outubro de 1954), o arquiteto colombiano apresentou ali conhecidíssimas obras deste (Pampulha, MES, Casa das Canoas) e introduziu, no contexto local, prédios menos conhecidos de sua autoria no estrangeiro, como a Obra do Berço, o conjunto de edifícios para o Centro Técnico de Aeronáutica (CTA, Campos do Jordão, 1947) e o Museu de Arte Moderna em Caracas (1947), junto com dois projetos para a capital fluminense não construídos: o restaurante-garagem de barcos à beira da Lagoa Rodrigo de Freitas (1944) e o Centro Atlético Nacional (1941).

Uma última obra selecionada por Burbano incorpora elementos típicos da gramática de Niemeyer, mas reinterpretados a partir das técnicas locais e da releitura dos esquemas tipológicos empregados com maior frequência pelo arquiteto carioca, por exemplo, na Capela da Alvorada, à época apenas na fase de projeto[60]. Ora, enquanto nessa proposta Oscar Niemeyer se afasta da pureza formal apresentada pela planta de São Daniel Profeta no Rio de Janeiro, na Catedral Me-

Le Corbusier antes de se estabelecer no Rio de Janeiro e projetar o Centro de Assistência Materna (Obra do Berço).

60. Mesmo que ainda não estivesse construída, o colombiano salientava, no artigo, a influência de Le Corbusier na capela brasiliense: "Los cerpeantes [*sic*] muros de carga y de abrigo que determinan la planta y los alzados de esta capilla tienen la influencia de la capilla de Ronchamp" (Burbano, 1958).

FIGURA 14: Templo do bairro Minuto de Dios, Edgar Burbano (Bogotá, demolido) *c.a.* 1950. Fonte: http://torredebabel.info/http://torredebabel.info/wp-content/uploads//2012/10/1.jpg.

FIGURA 15: Capela dos Santos Apóstolos no Ginásio Moderno (Bogotá, 1954 – projeto), Juvenal Moya. Fonte: Museu de Bogotá.

tropolitana em Brasília ou na igreja dominicana em Sainte Baume, Burbano lança mão dela na mais inusitada igreja da série que construiu nos anos 1950: o templo do bairro obreiro Minuto de Dios (Fig. 14), comandado pela associação de caridade homônima na capital colombiana. Apesar de se inscrever em um cilindro convencional e empregar o clássico tijolo *bogotano* (que, com sucesso, materializaria os exemplares mais representativos da arquitetura moderna de Bogotá desde a década de 1960), o colombiano criou superfícies de fachada vazadas "à brasileira" e, quiçá o gesto mais ousado, uma escada curva externa, chamado ao expressivo Pavilhão do Brasil em Nova York.

Outro conjunto de igrejas a considerar é o criado pelo arquiteto Juvenal Moya, evidente homenagem a Niemeyer. *Proa* consagrou artigos a projetos de Moya em Bogotá, ainda não construídos, nas edições n. 78 (janeiro de 1954: 12) – Capela dos Santos Apóstolos no Ginásio Moderno – e n. 84 (outubro de 1954) – Igreja da Virgem de Fátima. A citação ao carioca reside, para o primeiro caso, na substituição das típicas abóbadas de seção contínua – herança do românico e consequência da moda historicista no início do século – por paraboloides hiperbólicos (Fig. 15). Entretanto, a Capela dos Santos Apóstolos antecede uma obra brasileira que apela a estratégias similares: a catedral brasiliense, com grandes vitrais (ainda que

FIGURA 16: Igreja da Virgem de Fátima (Bogotá, 1958), Juvenal Moya. Fonte: http://farm5.static.flickr.com/4138/4866084325_68b8950be7_b.jpg.

FIGURA 17: Igreja Liceo Femenino de Cundinamarca, (Bogotá, 1958), Juvenal Moya. Fonte: http://img42.imageshack.us/img42/8677/femenino.jpg.

mais figurativos), atribuindo maior proporção de superfícies translúcidas sobre a matéria maciça e opaca. No segundo projeto do arquiteto colombiano (Fig. 16), a Igreja de Fátima, são utilizados arcos abobadados que pertencem ao repertório de Niemeyer imediatamente posteriores à Pampulha (e cujo vínculo com a proposta de Le Corbusier, em 1930, para o concurso do Palácio dos Soviets na URSS, tem sido descrito inúmeras vezes), entre elas o Hospital Sul-América (Rio de Janeiro, projeto de 1952).

A série de obras religiosas de Moya se completa, com similares recursos espaciais, tanto na Capela Nossa Senhora da Estrela da Universidade La Salle (*campus* Chapinero), quanto no Liceo Femenino de Cundinamarca. Nesse segundo exemplo, a sequência de volutas é disposta no sentido paralelo à abóbada principal e não à maneira de transepto (partido de Niemeyer em São Francisco de Assis). As curvas que conformam estas capelas laterais ganham liberdade no projeto de Moya, configurando uma silhueta em zigue-zague, que, como na sequência de abóbadas belo-horizontinas, unicamente toca o chão pelos extremos (Fig. 17).

Decorrentes destas experiências, em Bogotá apareceram propostas isoladas de outros arquitetos como Jorge Gaitán Cortés (Igreja de San Cristóbal Sur) e Álvaro Herminda (San Pedro Nolasco e Santo Domingo – Capela do Colégio

Jordán de Sajonia) que, no entanto, carecem da leveza de suas predecessoras, bem como da autonomia dos seus elementos constitutivos.

TÉCNICA E TIPO: A alma do cálculo estrutural em Félix Candela

A produção arquitetônica colombiana não só bebeu da fonte brasileira para suas explorações formais, mas estabeleceu um diálogo com inovações técnicas que paralelamente aconteciam no México, país sem fronteiras físicas com o Brasil, embora semelhante em muitos de seus fenômenos culturais. Prematuras obras-primas de Oscar Niemeyer testaram esses avanços. O principal responsável pelas experiências mexicanas, o engenheiro Félix Candela – de origem espanhola e famoso por desenvolver complexos sistemas estruturais –, visitou Bogotá em 1956, fazendo grande sucesso entre os profissionais da arquitetura local. O percurso de Candela, contrário ao de Gabriel Serrano, quase sempre teve lugar ao lado de arquitetos de renome que encararam a concepção volumétrica e espacial da obra, enquanto ele se encarregava dos cálculos estruturais que ditavam o esquema morfológico dos projetos. Estes quebraram a conservadora linha da arquitetura moderna no país asteca (mais conhecido no panorama internacional, do que o conjunto de obras colombiano, graças à incorporação de elementos austeros, próprios da tradição vernácula da região, na obra de Luis Barragán).

Por outro lado, se fizermos uma leitura cronológica do trabalho de Candela, perceberemos uma transformação formal semelhante àquela perceptível ao longo de toda a obra de Oscar Niemeyer – fato surpreendente no engenheiro devido à ausência de episódios brasileiros na sua biografia, pelo menos nos documentos por nós consultados –, os quais lançam mão da curva como elemento protagonista. No caso mexicano, observa-se este fenômeno desde a construção, em 1951, do Pavilhão dos Raios Cósmicos[61] na Cidade Universitária (CU, *campus* da Universidad Nacional Autónoma de México – Unam) do Distrito Federal, cuja escala, forma e espacialidade interior recordam a nave de São Francisco de Assis na Pampulha (Fig. 18). Nesse mesmo *campus*, apareceram as primeiras citações literais à gramática do carioca, das quais Candela devia ser consciente, graças à fama de Niemeyer: arcos parabólicos à maneira do Hospital Sul-América empregados no Auditório da Faculdade de Química (1952); tetos "em guarda-chuva" similares à marquise

61. O nome da obra, que poderia ser interpretado a partir de uma leitura mística ou poética, apenas se deve à função pragmática dos laboratórios dispostos no pavilhão: medição luminosa e ensaios de desintegração nuclear.

FIGURA 18: Pavilhão dos Raios Cósmicos (CU-UNAM, 1951), Félix Candela. Fonte: Ingrid Quintana.

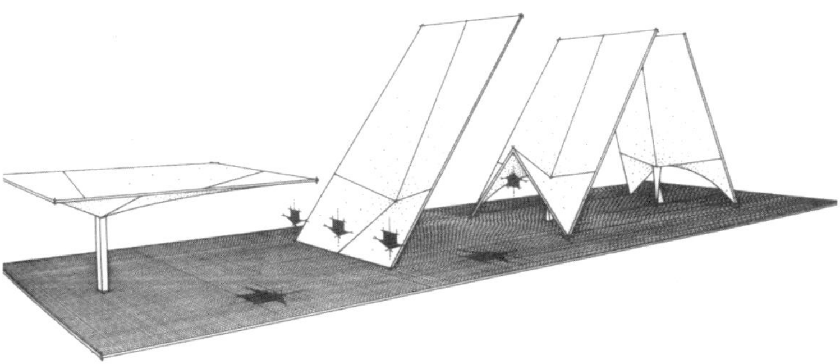

FIGURA 19: Igreja da Virgem Milagrosa (Navarte, D.F., 1954-1955); esquema explicando o desenvolvimento do elemento estrutural. Fonte: Faber, 1963.

da lanchonete no Iate Clube da Pampulha[62], experimentados pela primeira vez em Las Aduanas (1953) e aplicados a laboratórios, bem como a um número importante de espaços internos de grandes dimensões fora da CU (fábricas; terminais de ônibus) que também usufruem de pilares em V, paulatinamente transformados em superfícies laminares que proporcionam abrigo (a este respeito, o exemplo mais difundido é o Palácio dos Esportes do D.F., de 1968).

Além da evolução desses e outros elementos construtivos, e apesar da aproximação científica de Candela aos programas religiosos[63], sua ousadia estrutural possibilitou transformações tipológicas em igrejas a seu cargo, elaborando uma releitura original da arquitetura de Niemeyer. Justamente no que tange ao desenvolvimento de pilares em V, que nasceram do teto guarda-chuva aportando complexidade espacial e estrutural ao se converterem em lâminas "regradas", a Igreja da Virgem Milagrosa (Navarte, D.F., 1954-1955) constitui um caso sem precedentes (Fig. 19). A experiência do espaço curvo, unitária

62. Derivado, por sua vez, do que Valle (2000: 239) designou como "volume telhado invertido".

63. É importante lembrar também que, no mundo hispânico, o México é o maior país católico e que, à diferença do Brasil, mantém tradições mais estritas e uma fervorosa veneração à Virgem de Guadalupe; daí a grande quantidade de encargos deste tipo nesses anos em comparação com outros países do continente.

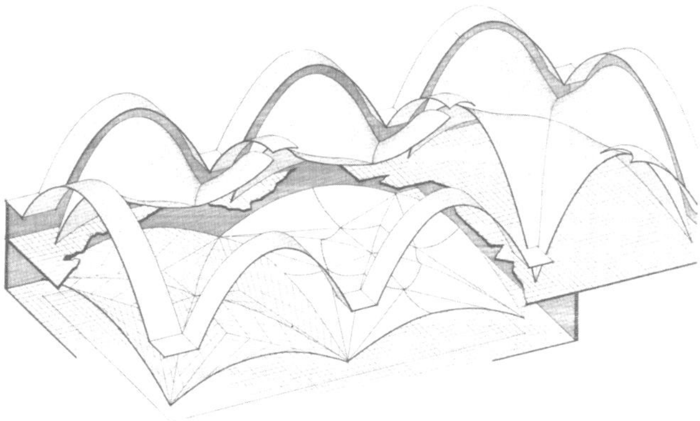

FIGURA 20: Igreja San Antonio de las Huertas (estrada México-Tacuba; 1956), Enrique de la Mora, Félix Candela; axonometria do sistema estrutural. Fonte: Faber, 1963.

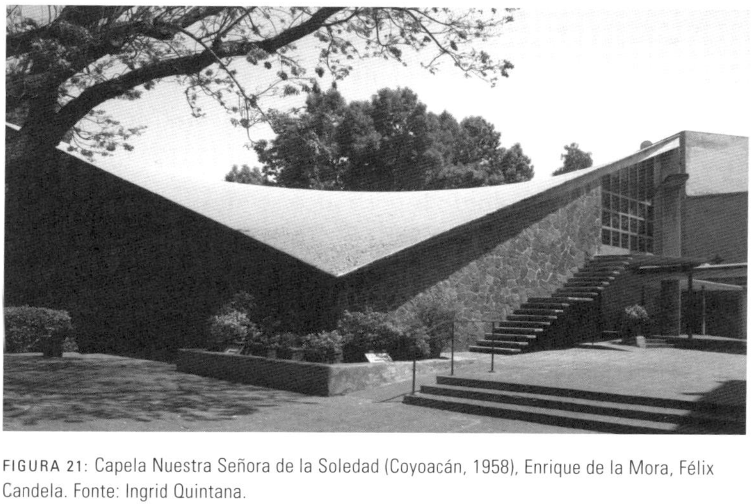

FIGURA 21: Capela Nuestra Señora de la Soledad (Coyoacán, 1958), Enrique de la Mora, Félix Candela. Fonte: Ingrid Quintana.

nos recintos sagrados propostos pelo brasileiro, em Candela é enriquecida e dramatizada pela sucessão longitudinal da unidades estruturais, organizadas em três naves, numa chamada ao espaço basilical gótico, tão admirado por Niemeyer (Faber, 1963: 67). O drama se repete em San Antonio de las Huertas, basílica de uma única nave assinada pelo arquiteto Enrique de la Mora y Palomar (1956), na estrada México-Tacuba. Porém, na obra de De la Mora, os pilares se tornam abóbadas de cruzaria, baseadas no arco parabólico (princípio modular de configuração espacial e de suporte) recriando, na elevação longitudinal, o gesto sinuoso da fachada posterior da Igreja da Pampulha (Fig. 20).

A ampliação de um desses módulos deriva de uma das obras mais conhecidas das quais Candela participou, a capela Nuestra Señora de la Soledad em Coyoacán (México D.F., 1958), também construída em parceria com De la Mora[64] (Fig. 21). Quiçá o paraboloide hiperbólico se afaste do repertório formal e espacial de Oscar Niemeyer. Contudo, foi graças a essa solução que deu-se o trânsito das estruturas de Candela para esquemas tipológicos centralizados (desta vez de planta em forma de rombo, incomum na história da arquitetura reli-

64. *Proa*, como muitas outras revistas no mundo, dedicou um artigo a esta igreja na edição n. 89.

FIGURA 22: Capela aberta em Lomas de Cuernavaca (Morelos, 1958), Guillermo Rosell e Manuel Larrosa, Félix Candela. Fonte: Faber, 1963.

giosa ocidental), tão frequentes na trajetória do carioca. Além disso, e embora a superfície do vitral mexicano seja muito menor, é impossível não pensar na "coincidência" entre o uso deste elemento tanto em Coyoacán como na Catedral Metropolitana de Brasília, definindo com contundência, em ambos os casos, a atmosfera interna. Paralelamente, em Lomas de Cuernavaca (Estado de Morelos) o engenheiro espanhol desenvolveu duas propostas de caráter laico, cuja relação com a forma externa do citado projeto brasiliense é incontestável: o bazar e o monumento na Praça De los Abanicos (1958). As duas resultam variações à proposta de Niemeyer na capital federal: no primeiro caso o teto levita, como o Ginásio Esportivo Nacional de Niemeyer (1941), sobre esbeltos pilares, desta vez em V; no segundo, o volume gira 180°.

As superfícies "dobradas" contrastam com a continuidade da membrana sinuosa que cobre a capela aberta para a mesma cidade, concebida por Candela em 1958, junto aos arquitetos Guillermo Rosell e Manuel Larrosa (Fig. 22). Baseada em uma hipérbole de revolução (deitada e dividida em dois no sentido longitudinal), a liberdade formal das curvas brasileiras prevalece, porém com uma linguagem autônoma. Além de remeter ao esquema de Nossa Senhora Aparecida (objeto arquitetônico monumental, solto na paisagem, em contraponto a uma torre em forma de cruz), a capela em Lomas de Cuernavaca guarda uma semelhança inegável com o monumento a Rui Barbosa de Oscar Niemeyer (Rio de Janeiro, 1949), principalmente por sua extrema abertura ao exterior, partido parcialmente retomado pelo carioca no Memorial da Pátria e da Liberdade Tancredo Neves, na Praça dos Três Poderes em Brasília (1985-1986), embora com menor soltura nos seus traços curvos. Desprovido de qualquer conotação religiosa, o projeto fluminense recorria a estratégias já provadas na Pampulha, como a disposição interna de um painel de Portinari, e o mencionado apelo fálico, que se dá, não apenas pela superposição do objeto no horizonte (de uma praça, nesse caso), mas pela imponência do elemento vertical isento (obelisco), que substitui o campanário. Seja esta a ocasião para mencionar que a simbiose entre esse tipo de simbologia, a particularidade do espaço interno (dada pelo uso das formas sutis) e o uso de vitrais e mosaicos fazem dos memoriais de Niemeyer, paradoxalmente, uma expressão contundente de sua concepção do espaço sagrado.

A capela em Lomas de Cuernavaca forneceu a Candela o germe de propostas posteriores, tanto no México como no estrangeiro, com maior complexidade estrutural. Entre elas destacam-se mais três obras concebidas entre 1958 e 1959: Nuestra Señora del Buen Consejo em Polanco (D.F.), de Juan Sordo Galeno, que, se construída, teria lançado mão do teto como recurso elementar para a configuração de todo o volume (ainda

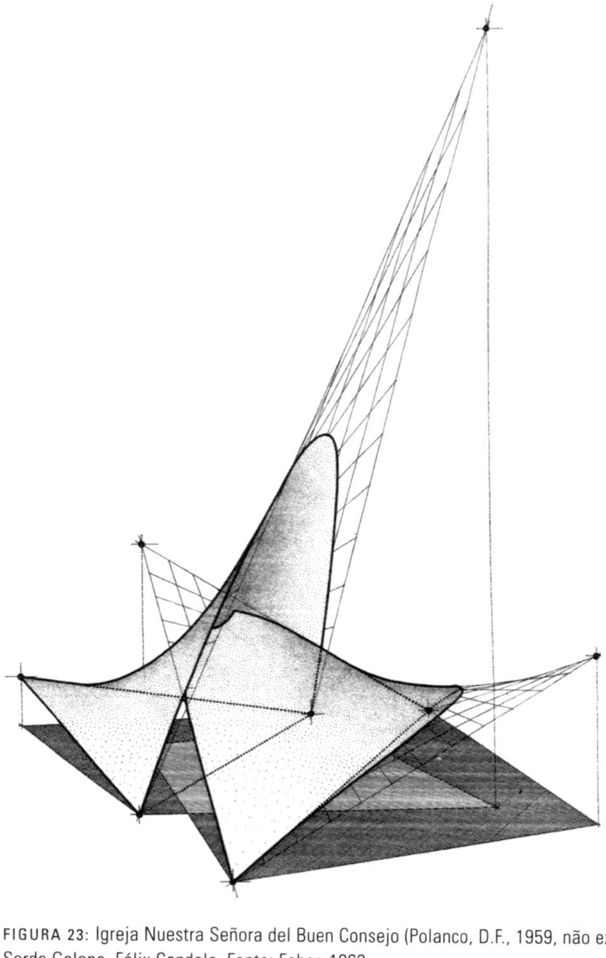

FIGURA 23: Igreja Nuestra Señora del Buen Consejo (Polanco, D.F., 1959, não executado); Juan Sordo Galeno, Félix Candela. Fonte: Faber, 1963.

que usando dois paraboloides e não uma hipérbole, Fig. 23); a Igreja de San José Obrero em Monterrey (arquitetos De la Mora e Fernando López Carmona, 1959), cujo teto, também resolvido pelo encontro de dois paraboloides separados por um vitral zenital, repousa sobre um paralelepípedo à maneira de Nuestra Señora de la Soledad; e a igreja para o Convento de San Vicente de Paul em Coyoacán (também de De la Mora e López Carmona, 1958), com certeza o exemplo mais rico porquanto consegue configurar um espaço centralizado, já não por via da planta circular ou do romboide, mas do triângulo, dividido à maneira de fractais que fornecem uma base aos três paraboloides do teto (Fig. 24). Finalmente, como em Nossa Senhora Aparecida de Brasília, em São Vicente privilegiam-se extensas superfícies vítreas que tocam diretamente o solo.

ATMOSFERA ESPIRITUAL: O discípulo rebelde de Caracas e a síntese das artes

A aproximação de outra figura da arquitetura moderna latino-americana, Carlos Raúl Villanueva, à obra de Niemeyer é de uma terceira natureza: crítica e contestatária. Seus discursos – dirigidos especialmente à comunidade acadêmica da Universidad Central de Venezuela (UCV) e divulgados na sua maioria pela revista *Punto* da Faculdade de Arquitetura e Urbanismo dessa universidade – expressavam admiração

FIGURA 24: Igreja San Vicente de Paul (Coyoacán, 1958), Enrique de la Mora, Fernando López Carmona e Féli Candela; implantação. Fonte: Faber, 1963.

pela releitura moderna brasileira, tanto do barroco de tradição lusa quanto da obra corbusiana (da qual era um seguidor confesso)[65]. Ao mesmo tempo, Villanueva se mostrou cético da aproximação que essa arquitetura teve ao que Le Corbusier tinha feito de melhor nas últimas duas décadas de sua produção: uma tentativa de síntese artística, cujo alvo não era a demonstração de todas suas capacidades plásticas – caso dos artistas do Renascimento – mas a criação de uma obra de arte total, possivelmente coletiva, que incorporasse dimensões metafísicas (a *Gesamtkunstwerk* que Richard Wagner ou os românticos alemães começaram a procurar no século XIX e que Le Corbusier chamou de *espace indicible*). Assim, sua rejeição indireta a experiências como a Igreja da Pampulha é menos aguda que aquela de Max Bill[66], porém evidente:

65. "De la tradición barroca, de la urgencia con que se plantea el proceso productivo de la influencia directa de Le Corbusier, surge la arquitectura generosa, tajante en sus decisiones, del Brasil. Esta suerte de inflación formal que nos presentan las crónicas de la arquitectura contemporánea brasileña, con su brillo y audacia descomunal, no hubiera podido darse sino en el clima (y no me refiero tan sólo al cultural) de ese país gigantesco. Quisiera recordar la actuación brillante y la influencia poderosa, entre los arquitectos brasileños del maestro Lúcio [*sic*] Costa, el talento inconmensurable de Niemeyer, el gusto y el equilibro de las obras del muy recordado Alfonso [*sic*] Reidy y me gustaría insistir especialmente en las espléndidas realizaciones paisajistas de Roberto Burle Marx" (Villanueva, 1980: 31-32).

66. Ver nota 28 deste capítulo.

> En Brasil se han hecho otros numerosos ensayos de unión de las artes. Y en ellos han prevalecido, de una manera decorativa, a menudo muy lograda y sensible en su respeto por la arquitectura, el uso del "azulejo", de origen europeo. Pero me parece que aun en las obras de Niemeyer y Portinari el azulejo es más recuerdo de una tradición, algo así como un medio de endulzar una arquitectura de gran impacto visual. Así que es la gama decorativa del azulejo, más que una auténtica labor de síntesis, la que ha sido explorada por los arquitectos y pintores brasileños (Villanueva, 1980: 95)[67].

Estas declarações do venezuelano, que revelam sua intenção de ultrapassar a capacidade de comoção nas obras brasileiras, através da articulação de outras expressões artísticas[68], re-

67. Texto originalmente publicado em: "La Síntesis de las Artes". *Escritos*. Caracas, Facultad de Arquitectura y Urbanismo UVC, 1965.

68. Entre elas encontra-se a música, que no caso de projetos religiosos de Le Corbusier, já tinha sido incorporada, como no convento de La Tourette, que contou com a intensa colaboração do compositor grego Iannis Xenakis. É justamente nessa obra que se encontra uma das pistas para a compreensão da dimensão espiritual na arquitetura de Villanueva: "Cuando tuve la oportunidad de visitar hace [3] años [...] el convento de 'La Tourette', tan distinto pero tan sugestivo en su simplicidad y grandeza amalgamadas, pude lograr comprender el fervor espiritual, la grandeza moral y su valor único que me hicieron recordar por momentos las grandes obras de la época medieval" (Villanueva, 1980: 20). Texto originalmente publicado em: *Punto* n. 25. Caracas, Facultad de Arquitectura y Urbanismo UVC, novembro-dezembro de 1965.

sultam surpreendentes, se levarmos em conta a inegável presença de boa parte do repertório formal de Niemeyer no seu trabalho, mais especificamente nas obras projetadas pelo segundo para a Cidade Universitária da UCV em Caracas (CUC), o projeto mais ambicioso de Villanueva[69]. De fato, a mesma proposta urbanística para esta cidade universitária, numa primeira instância (fase 1 do projeto, entre 1944 e 1948) se apoiou na experiência do Plano Piloto de Brasília, capitaneado por Lucio Costa mas enriquecido pela colaboração de Le Corbusier e seu discípulo favorito do Rio[70]. Uma segunda etapa na construção do *campus* (empreendida em 1952) caracterizou-se pela vontade fenomênica do seu autor principal, assimilando a simultânea contestação de Le Corbusier ao purismo de

69. Lembre-se que, como o conjunto de Niemeyer em Brasília, a Cidade Universitária de Caracas recebeu o título de Patrimônio Cultural da Humanidade por parte da Unesco em 2000.

70. A declaração seguinte dá conta do pensamento urbano de Villanueva: "El valor sumario del plano de la conquista debe ceder su puesto al plano orgánico, estructurado en Unidades dependientes de la riqueza social de contactos humanos que encierran, que dé su conformación perimétrica. Prueba de ello es que el 'damero' ya no vive sino en la cansada parcelación de la especulación que lo utiliza con fines meramente comerciales y muere definitivamente en el trazo primordial que quisiera ser esencial y no es sino inútilmente retórico, de la ciudad cruz, de la ciudad de avión de Brasilia" (Villanueva, 1980: 99). Texto originalmente publicado em: "La Ciudad y su Historia". *Boletín del Centro de Investigaciones Históricas y Estéticas* n. 1. Caracas, Facultad de Arquitectura y Urbanismo UVC, janeiro de 1964.

sua primeira produção. Daí que vitrais com motivos modernistas (Biblioteca Central, 1950), mosaicos e marquises (Plaza Cubierta, 1952-1956), arcos parabólicos (Biblioteca da Faculdade de Engenharia, 1949), grandes vigas invertidas – superpostas ao teto à maneira do teatro municipal de Belo Horizonte (projetado por Niemeyer em 1943) –, ou fachadas com elementos vazados (Aula Magna[71], 1952-1953), todos elementos típicos na arquitetura do brasileiro, integrassem o repertório adotado pelo arquiteto da CUC para os prédios mais novos da faculdade. Assim, junto com as parcerias de Oscar Niemeyer, tanto com Cândido Portinari quanto com Athos Bulcão, revela-se a importância de sua experiência formal prévia como um elo no caminho da síntese almejada por Villanueva, apesar das declarações apresentadas parágrafos atrás.

O venezuelano não pretendeu elaborar, por suas próprias mãos, todas as obras artísticas que iriam integrar este ambicioso projeto, além das arquitetônicas. Essa tarefa foi delegada a artistas que, com certeza, contavam com maior prestígio

71. Obra premiada na IV Bienal de Arte de São Paulo, cidade que Villanueva visitou em 1958, convidado pelo Instituto de Arquitetos de Brasil (IAB) para proferir conferências sobre cidades novas, repetidas no Rio de Janeiro sob o auspício da Unesco. Segundo Carola Barrios (2012), este não seria o primeiro contato do venezuelano com o Brasil, pois uma visita às obras de Niemeyer nesse país teria acontecido no começo da década de 1950.

internacional do que os parceiros de Niemeyer, na sua respectiva geração: Fernand Léger, Jean Arp, Alexander Calder (que curiosamente apelidou Villanueva de "O Diabo"), Antoine Pevsner, Sophie Taeuber-Arp, Victor Vasarely, André Bloc e Henri Laurens, entre outros nomes estrangeiros que se juntaram à lista de autores venezuelanos, também convidados (Omar Carreño, Carlos González Bogen ou Pedro León Castro). Além da convicção de que as obras de arte deviam sair dos museus para conviver no espaço público, a famosa *integración de las artes* proposta por Villanueva se regia pela busca de um caráter místico similar ao que impregnava muitas obras de seus amigos e parceiros surrealistas. Em um certo sentido, recintos como a Aula Magna geram um ambiente quase espiritual, culminando a peregrinação do visitante: neste caso, devia-se percorrer uma série de corredores abertos que, nos flancos, acolhiam misteriosos seres antropomórficos (entre eles o Amphion de Laurens). Na sequência, era preciso subir rampas e escadas revestidas de uma luz particular, filtrada pelas peças vazadas da fachada e pelos vitrais de Léger. No coração do auditório, o dramatismo da cena atinge a alma quando se contempla a própria instalação artística invadindo o espaço (forro acústico constituído por peças flutuantes coloridas, batizadas pelo seu criador, Alexander Calder, como *Nuvens*); dramatismo que, no interior da Igreja da Pampulha ou da Capela da Alvorada, reside primordialmente na pele, assegurado pela literalidade dos motivos religiosos. Com certeza, não é este o caso da Catedral Metropolitana, que garante uma impressão sublime pela qualidade cominada ao espaço sacro pela luz zenital; o sucesso da sociedade Calder-Villanueva consiste na renúncia a toda citação simbolista das arquiteturas religiosas do passado (ao gótico, no caso do carioca), privilegiando uma experiência inédita e abstrata, que, além de convidar o ouvido, pela sua alta qualidade sonora, incorpora o tato à vivência da arquitetura, ao provocar sedução com suas peças, aéreas mas tangíveis.

À diferença de Oscar Niemeyer, que conheceu Carlos Raúl Villanueva em setembro de 1955, na sua primeira viagem a Caracas (voltaria várias vezes por conta do encargo do Museu de Arte), o segundo arquiteto usufruiu uma condição nobre desde sua mocidade. Nascido em Londres e formado pela École de Beaux-Arts de Paris (cidade natal de Niemeyer), Villanueva educou-se em um ambiente progressista, longe de toda tradição religiosa e rodeado por uma *intelligentsia* que viabilizou seu contato com os maiores artistas plásticos da sua geração, incluindo o próprio Le Corbusier[72]. No retorno a eu

72. Sem sucesso, Le Corbusier teria pedido a Villanueva colaboração para projetar a capela funerária, comandada pela família Delgado Chabault, em Caracas, citada

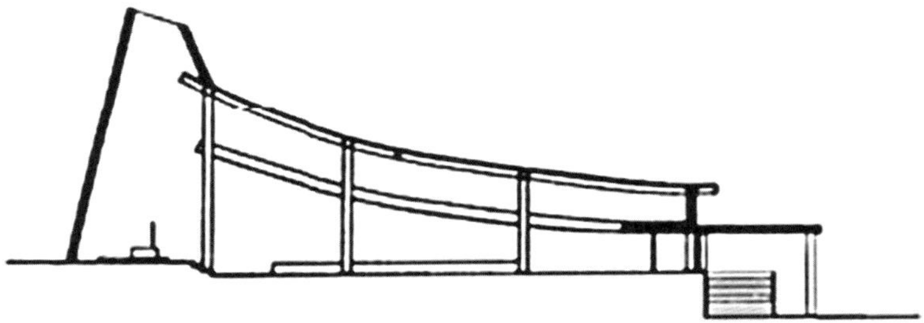

FIGURA 25: Paróquia Cidade Universitária de Caracas (não executado, 1955), Carlos Raúl Villanueva; corte longitudinal. Fonte: Fundación Villanueva.

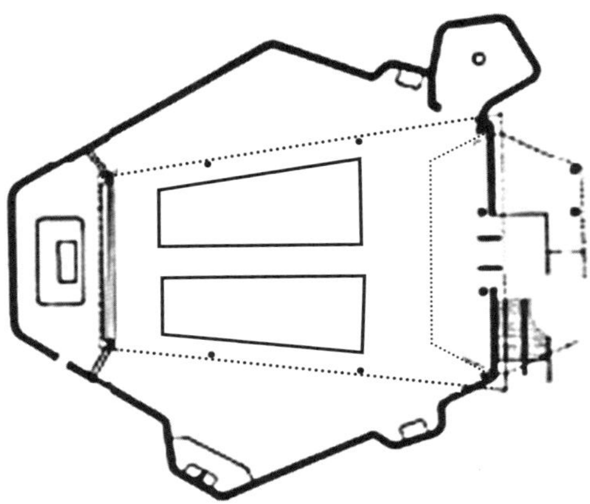

FIGURA 26: Paróquia Cidade Universitária de Caracas (não executado, 1955), Carlos Raúl Villanueva; planta. Fonte: Fundación Villanueva.

país, o venezuelano passou a dirigir o escritório de Edificaciones y Obras de Ornato (Ministério de Obras Públicas, 1931-1939), instituição encarregada de materializar as estruturas que iriam eternizar a ideologia nacionalista por trás da ditadura de Marcos Pérez Jiménez (1948-1958). Isto explica por que Niemeyer recebeu um número considerável de encargos de caráter religioso, enquanto a incursão em projetos similares por parte de Villanueva foi mínima. Uma dessas raras incursões se implantaria, justamente, no *campus* da UVC: a Paróquia Universitária (projeto de 1955), da qual apenas contamos com dois desenhos (planta e corte longitudinal, Figs. 25 e 26). O gesto em elevação, uma curva contundente que cobre o espaço "basilical" (por sua vez, definido na planta por um hexágono, do qual sobressaem algumas protuberâncias a modo de capelas), estabelece uma clara filiação com a linguagem radical da arquitetura de Brasília, embora com a escala doméstica dos projetos belo-horizontinos de Niemeyer.

A proposta não executada do templo universitário fornece à Villanueva os elementos básicos para outro projeto religioso, uma de suas obras mais admiradas graças à "desmaterializa-

em nota de rodapé deste mesmo capítulo (cf. Alejandro Lapunzina, "La Pirámide y el Muro: Notas Preliminares sobre una Obra Inédita de Le Corbusier en Venezuela". *Massilia: Annuaire d'Études Corbuséennes* (11). Paris/Barcelona, FLC, 2002).

FIGURA 27: Igreja da Assunção (Caracas, 1957), Carlos Raúl Villanueva; rascunho. Fonte: Fundación Villanueva.

FIGURA 28: Igreja da Assunção (Caracas, 1957), Carlos Raúl Villanueva; vista externa. Fonte: Paolo Gasperini (Fundación Villanueva).

ção" de sua arquitetura. Trata-se da Igreja da Assunção em Caracas (1957), reconhecida pelos efeitos plásticos que importa do barroco, inserido em um contexto com o típico problema da habitação moderna, presentes no empreendimento onde se localiza (Urbanización 23 de Enero, construída pelo Banco Obrero)[73]. Contudo, a curva, traço distintivo deste prédio – revelado nos primeiros e expressivos rascunhos (Fig. 27) e resolvido no canteiro por uma superfície laminar à Candela –, não é uma característica exclusiva da elevação: ao observarmos a planta, que corresponde claramente a um espaço longitudinal, identificamos a sinuosidade dos dois muros mais compridos (Fig. 28), os quais ascendem com a cobertura, fechando a perspectiva em sentido ao altar, estratégia contrária à natureza isotrópica de boa parte dos projetos de Niemeyer. Este gesto simboliza o relato católico do qual deriva o nome da capela. O patetismo da cena, na igreja de Caracas, dispensa o uso de ícones religiosos, à exceção de uma cruz austera; em compensação, retoma-se a invasão aérea por parte de elementos pingentes (já não esculturas de Calder mas luminárias), cuja luz brilha timidamente pois, enquanto o espaço sacro de

73. Para mais informações, ver: http://www.centenariovillanueva.web.ve/Arquitecto/Portafolio/3_Plena_Modernidad/Iglesia_La_Asuncion/La_Asuncion_Analisis.htm. Acesso em: 9 de junho de 2013.

Niemeyer é sinônimo de luz, a espiritualidade em Villanueva, o recolhimento, é consequência da penumbra, obtida pelas dobras internas do teto: estas dissipam os feixes luminosos ao entrar pelos vãos estreitos entre muros perimetrais e membrana da cobertura. No fundo da nave, o efeito é completado pelo muro transversal, coroado no exterior por uma claraboia e uma cruz (o "campanário sem sinos" integra-se ao corpo do templo, afastando-se da ideia deste elemento na obra de Niemeyer como torre isenta): chamado à arquitetura corbusiana, concretamente às capelas laterais da igreja de Ronchamp, ao capturar luz por uma abertura zenital, derramada sutilmente até sumir na parte mais baixa, justo no seu encontro com o altar (Fig. 29).

A Igreja da Assunção pertence ao grupo de obras maduras de Villanueva e com ela não são apenas contestadas as lições dos grandes mestres da arquitetura moderna (Le Corbusier, Aalto, Gropius e, com certeza, Niemeyer) – atingindo um nível de síntese que contempla, além do gesto formal e a respectiva adaptação tipológica, a interpretação de novidades tecnológicas, significados universais e referentes autobiográficos –, mas se abrem novos caminhos para uma arquitetura latino-americana. Sem abrir mão de suas tradições locais, entre elas a religiosa, a partir da segunda metade do século XX soube-se construir um repertório singular e

FIGURA 29: Igreja da Assunção (Caracas, 1957), Carlos Raúl Villanueva; vista interna. Fonte: Paolo Gasperini (Fundación Villanueva).

ao mesmo tempo regional: dignifica-se a vida quotidiana mediante a elevação dos vínculos profundos entre homem e o espaço que habita. Isto é, a arquitetura é entendida, acima de tudo, como um problema de ordem ritual, transcendente e esperançoso, no meio de tempos atribulados, na aurora da modernidade brasileira.

CODA

Em um grande e belo paradoxo, o velório do descrente Oscar Niemeyer, falecido quase aos 105 anos de idade, em 5 de dezembro de 2012, encerrou no quadro de uma cerimônia ecumênica, no Rio de Janeiro, dois dias depois de seu decesso. Horas ante, seu corpo era velado na sede do Poder Executivo, na cidade projetada por Costa mas lembrada pelos ícones traçados pela mão de Niemeyer. As igrejas por ele projetadas na Capital Federal não dão conta da complexa, e ao mesmo tempo simples, cosmogonia do arquiteto, como, de fato, nenhum produto humano expressa o universo de emoções, certezas e dúvidas envolvidas no seu processo criativo. A monumentalidade dos palácios, a potência formal do Congresso e o comprimento da rampa de acesso ao Planalto acentuam uma procissão pela imaginação do mestre, pela gramática apolínea de quem, quiçá protegendo sua genialidade e disciplina monacal, projetou para si e para outrem um véu de carnalidade. Assim, o conjunto de obras brasilienses do carioca sintetiza a complexa dimensão espiritual de sua arquitetura. Do outro lado do Eixo Monumental, erige-se vitoriosa a Catedral que, vitoriosa, ainda hoje parece elevar uma oração pelo homem de canteiros impossíveis, que acreditou que sua alma jamais morreria. Só Deus que sabe. Por enquanto, este texto presta homenagem à memória de Oscar Niemeyer, a única de suas construções a prova de qualquer empreiteiro.

BIBLIOGRAFIA

Arango, Silvia. *Historia de la Arquitectura en Colombia*. Bogotá, Universidad Nacional de Colombia, 1989.

Barrios, Carola. "Transcrições Arquitetônicas: Niemeyer e Villanueva em Diálogo Museal". *Arquitextos* n. 151.03. São Paulo, dezembro de 2012. Disponível em: http://www.vitruvius.com.br/revistas/read/arquitextos/13.151/4465. Acesso em 9 de junho de 2013.

Burbano, Edgar. "Oscar Niemeyer y Sus Obras". *Proa* n. 106, Bogotá, enero de 1957.

Faber, Collin. *Candela, the Shell Builder.* New York, Reinhold, 1963.

Kruft, Hanno Walter. *Historia de la Teoría de la Arquitectura*. Madrid, Alianza Editores, 1990.

Lago, André Aranha Corrêa de. *Oscar Niemeyer: Uma Arquitetura da Sedução.* São Paulo, Beï Comunicação, 2007.

LE CORBUSIER. "L'Espace Indicible". *Art* (numéro hors-série). *Paris, L'Architecture d'Aujourd'hui*, 1946.

______. *Mise au Point*. Paris, Éditions des Forces Vices, 1966.

______. *Precisões: Sobre um Estado Presente da Arquitetura e do Urbanismo*. São Paulo, Cosac Naify, 2004.

LOOS, Adolf. *Ornamento y Delito, y Otros Ensayos*, Barcelona, Gustavo Gili, 1972.

MAGALHÃES, Fernando. "Igreja de Niemeyer no Rio é 'Renegada' em Livro que Reúne Obras do Arquiteto". *Folha de São Paulo*. São Paulo, 23 de agosto de 2011.

"BANCO DE LA República en Barranquilla". *Proa* n. 35, Bogotá, febrero de 1950.

MONTIEL, Marcelo. "A Praça da Soberania de um Ateu Amigo de Deus". *MDC, Revista de Arquitetura e Urbanismo*. Belo Horizonte, 24 de setembro de 2009. Disponível em: http://mdc.arq.br/2009/09/24/a-praca-da-soberania-de-um-ateu-amigo-de--deus/#more-3245. Acesso em 7 de setembro de 2013.

NIEMEYER, Oscar. *As Igrejas de Niemeyer.* Rio de Janeiro, Nosso Caminho, 2011.

______. *Minha Arquitetura*. Rio de Janeiro, Reval, 2000.

______. *Minha Arquitetura 1934-1994*. Rio de Janeiro, Reval, 2004.

PAPADAKI, Stamo. *The Work of Oscar Niemeyer*. New York, Reinhold Publishing Corp., 1956.

______. *Oscar Niemeyer: Works in Progress*. New York, Reinhold Publishing Corp., 1956.

PETIT, Jean. *Niemeyer: Poeta da Arquitetura*. [s.l.], Fidia Edizioni d'Arte Lugano (Collection des Forces Vives), 1995.

Pevsner, Nikolaus. *Perspectiva da Arquitetura Europeia*. Lisboa, Ulisseia, 1963.

Queiroz, Rodrigo. *Oscar Niemeyer e Le Corbusier: Encontros*. São Paulo, fauusp, 2007. Tese de Doutorado.

Scottá, Luciane. *Arquitetura Religiosa de Oscar Niemeyer em Brasília*. Brasília, Universidade de Brasília, 2010. Dissertação de mestrado.

Serrano Camargo, Gabriel. "Arquitectura Moderna en el Brasil". *Proa* n. 11. Bogotá, abril de 1948.

Serrano Camargo, Rafael. "Semblanza de un Arquitecto". *Cuadernos Proa* n. 2. Bogotá, Proa, 1983.

Téllez, Germán. *Cuellar Serrano Gómez: Arquitectura 1933-1983*. Bogotá, Fondo Editorial Escala, 1988.

Underwood, David. *Oscar Niemeyer e o Modernismo das Formas Livres no Brasil.* São Paulo, Cosac Naify, 2010.

Valle, Marco Antonio Alves do. *Desenvolvimento da Forma e Procedimentos de Projeto na Arquitetura de Oscar Niemeyer (1935-1998)*. São Paulo, fauusp, 2000. Tese de Doutorado.

Villanueva, Carlos Raúl. *Textos Escogidos.* Caracas, Universidad Central de Venezuela, 1980.

NOTAS BIOGRÁFICAS

SYLVIA FICHER é arquiteta pela Faculdade de Arquitetura e Urbanismo da USP – Universidade de São Paulo (Brasil), mestre em Historic Preservation pela Columbia University (Estados Unidos) e doutora pela FFLCH – Faculdade de Filosofia, Letras e Ciências Humanas da USP. Pós-doutorado em sociologia pela École des Hautes Études en Sciences Sociales (França). É professora titular da UnB – Universidade de Brasília (Brasil) e líder do grupo de pesquisa *Arquitetura e Urbanismo da Região de Brasília*, reconhecido pelo CNPq – Conselho Nacional de Desenvolvimento Científico e Tecnológico (Brasil). Agraciada com o Prêmio Clio 2005, da Academia Paulistana de História. Autora de *Os Arquitetos da Poli* (São Paulo, 2005).

PAULO BRUNA é arquiteto, mestre e doutor pela Faculdade de Arquitetura e Urbanismo da USP – Universidade de São Paulo (Brasil) e professor titular nesta instituição; pós-doutorado em arquitetura pelo Massachusetts Institute of Technology (Estados Unidos). Pesquisador da CAPES – Coordenação de Aperfeiçoamento de Pessoal de Nível Superior (Brasil) e representante da área de Arquitetura na Fapesp – Fundação de Amparo à Pesquisa do Estado de São Paulo (Brasil). Foi professor visitante da Universidade Presbiteriana Mackenzie (Brasil, 1991-1994) e da Unicamp – Universidade de Campinas (2008); diretor de Planejamento da Emurb – Empresa Municipal de Urbanização (Brasil, 1979-1984). Atualmente é diretor de Paulo Bruna Arquitetos Associados Ltda. Agraciado com o Grande Prêmio da 3ª Bienal Internacional de Arquitetura de São Paulo (1997) e com o primeiro lugar na categoria *diseño* da XI Bienal de Arquitectura de Quito (1997). Autor de: *Os Primeiros Arquitetos Modernos. Habitação Social no Brasil 1930–1950* (São Paulo, 2010); *Arquitetura, Industrialização e Desenvolvimento* (São Paulo, 2. ed., 2010). Coautor de: *Área da Luz – Renovação Urbana em São Paulo* (São Paulo, 2010).

HUGO SEGAWA é arquiteto, mestre e doutor pela Faculdade de Arquitetura e Urbanismo da USP – Universidade de São Paulo (Brasil) e professor titular nesta instituição; pesquisador do CNPQ – Conselho Nacional de Desenvolvimento Científico e Tecnológico (Brasil). Foi professor visitante na UNNE – Universidad Nacional del Nordeste (Argentina, 2004), Universidad Pablo de Olavide (Espanha, 2004), Tokyo University of Science (Japão, 2007) e Universidad Nacional del Litoral (Argentina, 2016). Foi membro do *advisory board* do DOCOMOMO – International Working Party for Documentation and Conservation of Buildings, Sites and Neighborhoods of the Modern Movement (2004-2008). Agraciado com o Prêmio América (Seminario de Arquitectura Latinoamericana – Bogotá, 2013). Autor de: *Ao Amor do Público: Jardins no Brasil* (São Paulo, 1996); *Arquiteturas no Brasil 1900-1990* (São Paulo, 3. ed., 2010); *Prelúdio da Metrópole* (São Paulo, 2. ed., 2004); *Arquitectura Contemporánea Latinoamericana* (Barcelona, 2005); *Architec-*

ture of Brazil 1900-1990 (New York, 2013); coautor de: *Oswaldo Arthur Bratke* (São Paulo, 2. ed. 2012); *Jayme C. Fonseca Rodrigues Arquiteto* (São Paulo, 2016).

RODRIGO QUEIROZ é arquiteto pela Universidade Presbiteriana Mackenzie (Brasil), licenciado em Artes pela Faculdade de Belas Artes de São Paulo, mestre pela Escola de Comunicações e Artes da USP – Universidade de São Paulo (Brasil), doutor pela Faculdade de Arquitetura e Urbanismo da USP (FAUUSP). É professor livre-docente da FAUUSP e do Museu de Arte Contemporânea da Universidade de São Paulo (MAC USP). Professor visitante do MASP (Museu de Arte de São Paulo Assis Chateaubriand) e do Centro Universitário Maria Antonia da USP. Curador das exposições: *Coleção Niemeyer* (MAC USP, 2007); *Oscar Niemeyer: a Ideia e a Obra* (Memorial da América Latina, 2007); *Ruy Ohtake: Presente!* (FAUUSP, 2008); *Brasília: A Utopia Come True* (Triennale di Milano, 2010); *Le Corbusier, América do Sul, 1929* (Centro Universitário Maria Antonia USP, 2012); *De Le Corbusier ao Copan* (Bienal de Arquitetura de São Paulo, 2013) e de *Ibirapuera: Modernidades Sobrepostas* (Oca, 2014). Coautor de: *Arte e Arquitetura: Balanço e Novas Direções* (Brasília, 2010); *Fernand Léger: Relações e Amizades Brasileiras* (São Paulo, 2009); *Embaixada da França/L'ambassade de France* (São Paulo, 2009); *Arquitetura de Museus: Textos e Projetos* (São Paulo, 2008).

INGRID QUINTANA GUERRERO é arquiteta pela UNAL – Universidad Nacional de Colombia – sede Bogotá, mestre em Arts, mention Philosophie et Critique Contemporaine de la Culture pela Université de Paris 8 Vincennes-Saint Denis e em Histoire de l'Architecture pela Université de Paris I Panthéon-Sorbonne (França) e doutora em Arquitetura e Urbanismo pela USP – Universidade de São Paulo (Brasil). Atualmente é professora-doutora da Faculdade de Arquitetura e Design da Universidad de los Andes (Colômbia). Tem atuado como editora (UNAL, Universidad de La Salle, USP, Universidad de los Andes) e pesquisadora (UNAL). Curadora das exposições *Caprichos Bogotanos* (Museo de Bogotá, 2010) e *La Historia como Memorias* (Sala de Exposições Julio Mario Santodomingo, 2017). Agraciada com o Prêmio *La ciudad Patrimonio de Todos* do Instituto Distrital Patrimonio Cultural de Bogotá (2009) e o Prêmio Nacional Colombo-Francês em Patrimônio Cultural – Arquitetura *Cité Arch* (2011), Ministério da Cultura da Colômbia e *Prix de la Recherche Patiente* – Fondation Le Corbusier (2017) com a tese *Filhos da Rue de Sèvres: Os Colaboradores Latino-americanos de Le Corbusier em Paris (1932-1965)*. Autora de: *Una mirada al campo plástico desde la arquitectura moderna y sus autores: hacia la sínteses de las artes* (Bogotá, 2012).

Título	*Quatro Ensaios sobre Oscar Niemeyer*
Organizadores	Paulo Bruna
	Ingrid Quintana Guerrero
Editor	Plinio Martins Filho
Produção editorial	Aline Sato
Preparação e revisão de textos	Ingrid Quintana Guerrero
	Aline de Figueirôa Silva
	Rosane Piccolo Loretto
	Geraldo Gerson de Souza
Capa e projeto gráfico	Negrito Produção Editorial
Editoração eletrônica	Camyle Cosentino
Formato	16 × 18 cm
Tipologia	Univers e Granjon
Papel	Chambril Avena 80 g/m² (miolo)
	Cartão Supremo 250 g/m² (capa)
Número de páginas	344
Impressão e acabamento	Bartira Gráfica